冷热水效应

人际关系的66种心理效应

高兴宇◎著

哈尔滨出版社
HARBIN PUBLISHING HOUSE

图书在版编目（CIP）数据

冷热水效应：人际关系的66种心理效应／高兴宇著
.—哈尔滨：哈尔滨出版社，2018.6
ISBN 978-7-5484-3908-0

Ⅰ．①冷… Ⅱ．①高… Ⅲ．①人际关系学—通俗读物
Ⅳ．①C912.11-49

中国版本图书馆CIP数据核字（2018）第048292号

书　　名：冷热水效应——人际关系的66种心理效应

作　　者：高兴宇　著
责任编辑：马丽颖　尉晓敏
责任审校：李　战
装帧设计：零创意文化

出版发行：哈尔滨出版社（Harbin Publishing House）
社　　址：哈尔滨市松北区世坤路738号9号楼　邮编：150028
经　　销：全国新华书店
印　　刷：天津旭丰源印刷有限公司
网　　址：www.hrbcbs.com　www.mifengniao.com
E-mail：hrbcbs@yeah.net
编辑版权热线：（0451）87900271　87900272
销售热线：（0451）87900202　87900203
邮购热线：4006900345（0451）87900256

开　　本：880mm×1230mm　1/32　印张：7　字数：126千字
版　　次：2018年6月第1版
印　　次：2018年6月第1次印刷
书　　号：ISBN 978-7-5484-3908-0
定　　价：39.80元

凡购本社图书发现印装错误，请与本社印制部联系调换。　服务热线：（0451）87900278

序 言

借镜悟道

根据锯齿草来发明锯子，根据鸟儿来设计飞机，根据鱼鳔来研究潜水艇，根据蝙蝠超声波来制作雷达，根据苍蝇来探讨宇宙飞船，根据萤火虫来改进人工冷光，根据电鱼来制造伏特电池，根据蛋壳来建造薄壳建筑，根据章鱼来研发烟幕弹，根据荷叶来加工防水衣……

神奇的仿生学为人类社会进步做出了突出贡献。

大自然母亲其"大脑"中蕴含的智慧正在成为人类最尖端技术的灵感源泉。既然如此，我想到了一个问题，仿生学可以运用到科技发展，为什么不能运用到社会科学中去呢？

从大自然中攫取思想的火花，来指导交际、参悟生活、联想人生，同样可以妙趣横生，浮想联翩。

小车往前行驶，当刹车时，车辆还会向前滑行，这在物理学中叫惯性。人的心理活动也有惯性现象，当一个人说"不"时，他会一直"不"下去；当一个人说的"是"越多，就越会决定某一件事。大哲学家苏格拉底有个妙法，就是要求别人答应某一件事时，在此前就以获得对方的"是""是"为目标，当提及所要求的事时，他会顺着"是""是"（答应）下去。

一个钟摆，在左右两个方向来回摆动。往左摆动大，往右摆动也大；往左摆动小，往右摆动也小。爱之深，责之切。对你严格要求、严厉批评的人，会使你有长足的进步，而不管做什么事，对你既不注意也不理睬的人，是既无担当，也不负责的人。与人交往，一定要虚心接受批评、努力寻求批评，切莫把"玉"当成"石头"。

两棵笔挺的树木是不能成为一个紧密结合体的，但一根细柔的藤条却能将树木紧紧缠绕起来，成为一道美丽风景。两个气质刚强或是脾气暴躁的人很难友好相处，但是气质懦弱的人、脾气随和的人却能分别和气质刚强的人、脾气暴躁的人结成好朋友。与人交往，明智的做法是以柔克刚、以长补短，而不是以硬碰硬、以短量短。

种瓜得瓜，种豆得豆。朝天空吐唾液的人，唾液也会落在该人的脸上。人世间的事情就是如此：尊重别人，也就是尊重自己；滋润别人，就是滋润自己；成全别人，就是成全自己；而伤害别人，也就是伤害自己。

化学反应中，催化剂能使反应速度加快，也能使反应速度减慢。一些专用词汇、带尾数数据、名言、俗谚等，也是言谈中的"催化剂"，使用恰当能增加语言的力量，使用不当则会反受其害。

农作物缺少了铁、磷、钾等微量元素，就容易得病，还容易倒伏。某个人如果缺少了自信、缺少了真诚、缺少了正直，在人际交往中，就会表现出自吹自擂、阿谀奉承、出尔反尔的怪现象、坏现象。与人交往，若想提高交际形象，最根本的做法是提高个人内在修养。

先跨上较低台阶，再踏上较高台阶，是十分容易的。但如果直接向较高台阶跨，一时可能跨不上。与人交往，先提一个较小要求，在他答应后，再告诉此事的难度很大，假若动机纯正的话，他就可能再次答应下来。如果向其直接言明此事难度很大，他可能因为考虑事情难办，而谢绝此事。

车辆都应按轨道或道路行驶，并应遵守交通规则，如若不然，则会出轨翻覆。与人交往，也应循规蹈矩，假若不这样的话，会遇到麻烦。这个"规矩"是什么呢？比如评价别人时，实事求是是个规矩；批评别人时，像摄像一样对准"焦点"是个规矩；赞扬别人时，有原则地吹捧是个规矩。按规矩办事，则会一帆风顺。

向一只盛满水的杯子倒水，水会溢出来。要想使这个杯子装上新鲜的水，只有将原来的水倒掉才行。同样，一个"思想满满"的人是装不进"新思想"的。因此说，向一个自以为是、把谬误当真理的人灌输真知灼见，首要的任务是摒除他的错误思想。

美学家研究表明，黄金律也就是 1∶0.618 这个比例最为优美。现代社会经常见的照片、银幕、电视屏幕以及许多艺术品等都呈现这种比例。交际中，黄金律的出现同样会给人以美的感觉。在打扮自己时，假若使上衣长与下衣长之比等于 0.618，必定会给人留下美好愉悦的印象。如果某个人买了一件价值 500 元的皮衣，你若说："哦，这件皮衣真不错，有 800 多块钱吧？"不管买皮衣人如何回答，他都会将这两个数字无形中作对比，由于这个比例接近黄金律，他的内心会产生小小的激动。既然略为夸张的赞美有益于友谊的加深，你何乐而不为呢？

很少有人碰到大石头而跌倒，大多数是被小石头绊倒的。人们之间感情的破裂、友谊的消亡并非都源自大吵大闹等一些火爆事件，大多数是由于在一些小事上处理欠妥，日积月累而逐渐使人际关系冷漠、疏远的。

将水注入密不透风的塑料容器中，对它施以高压，看似平静，实则蕴含了剧烈的变化。细细注意，就会发现容器的薄弱处会有所改变。人在亢奋时，即使压抑得若无其事，那些感情的能量并不能化为乌有，会以某一种形态表现出来。和一名思维敏捷、不善言辞的人打交道，你会发现他会不自觉地摆动手或脚，这是由于他对于自己口舌不能如意而焦躁，手脚才会如此不安地摆动。此时，你应该设法使他消除紧张感，使气氛变得更加融洽，这样才有助于沟通的顺利进行。

当太阳光照射到明镜上时，镜子不是自私地将光据为己有，而是反射给这广阔的世界，但当镜子粗糙不平时，对光线会有不同程度的吸收。对于别人的好意或帮助，心若明镜的人会知恩图报、感恩戴德；心若不平之镜的人不懂感激，甚至忘恩负义。一个人，若想做个好人，做个平安幸福之人，就应擦亮心中之镜。

仿生学，让人类从大自然中获得奇妙的灵感。不但可以用来改良工程技术，还可以来参悟社会。人的一生会遇到许多问题，当你一筹莫展时，不妨到大自然中呼吸一下新鲜空气、去获得一些启示，因为那儿早已存在着许多可供借鉴的解决方案。

目录
CONTENTS

1	人际蓄势说	001
2	毛竹气度	005
3	危险的朋友	008
4	少了一道程序	011
5	冷热水效应	015
6	寻求共鸣	018
7	由雁阵想到人群	020
8	友善似药	023
9	从蜘蛛本领说起	026
10	树木扼杀者与小人	029
11	杜鹃鸟与识人	032
12	暖手的必不保温	034

13	刺猬距离法则	036
14	与狼同命的女子	041
15	你可以认识世界上任何人	045
16	情绪宣泄的艺术	048
17	想进鱼缸还是想入湖泊	051
18	说话的三级境界	055
19	大闸蟹引出的万有问题	063
20	长角与长舌	066
21	驼羊的血性	069
22	聚宝盆	072
23	最具开发潜力的人性资源	076
24	竞争与合作	079
25	燕子的地位	081
26	处世方与圆	084
27	深爱的弊端	089
28	如何得见人生彩虹	092
29	是我不好	095
30	经商情感树	099

31	生意潜伏术	102
32	葵花向太阳	105
33	第二谋生能力	107
34	微笑是最大的力量	110
35	爱的源头	113
36	人际交往的薄冰区	116
37	弥子瑕的遭遇	122
38	不要做渡渡鸟	124
39	处事需懂文化特性	127
40	寻求批评	130
41	假死与假活	133
42	卷尾与混混儿	136
43	类比言谈术	138
44	吃亏经营是祸是福？	143
45	白脸与红脸	145
46	红朗姆与脾性	148
47	学会与冤家共处	151
48	新种树郭橐驼传	154

49	沙漠也能变绿洲	157
50	犯傻的角马	161
51	情绪照射与反射	164
52	小雨点平息怒浪	166
53	"被拒绝"价值20元	168
54	心理"能量守恒定律"	170
55	为什么多赚钱	173
56	愚蠢的蜘蛛猴	176
57	只是多一点	179
58	苹果树哲学	182
59	智慧的左右是什么	186
60	奇异的22∶78法则	189
61	令人惊叹的意识	193
62	热气球人生	195
63	人的卷柏命运	200
64	本与末	203
65	明天在哪里	207
66	失意时要想到三种植物	209

1　人际蓄势说

鲤鱼之所以能够跳过龙门，是因为鲤鱼积蓄了足够的力量，并且把这力量在顷刻之间爆发出来。在人际交往中，要想迈过高槛，冲出难关，脱离低谷，也必须积攒力量，广积人脉，寻求帮助，这些做法就是蓄势。蓄势的目的，是为了增加自身的冲击力，提高自己的说服力，扩大自我的影响力。交际蓄势，好比水库水位升高使水的势能增大，好比车辆加速使车的动能增加，好比电压升高使电能增高，正是这些能量的增长，才能够使它们完成各自的使命。

一次药品洽谈会上，卖方对一个正在观看某种新药品说明的买方说："您想购买吗？"买方说："没什么可买的。"卖方说："是呀，别人也说过这话。"当买方正为此得意时，卖方微笑着说："可是，他们后来都改变了想法。""哦，为什么？"买方问。卖方回答说："这种药品是36位医学博士辛苦研究的结晶，经102例临床实验，证明这种药有着神奇的疗效……"听到这些，买方顿时表现出了浓厚的兴趣，经一番询问，买方爽快地买下了一大批药品。此事例中，"他们后来都改变了想法""36 位医学博士辛苦研究的结晶""102 例临床实验"这三点，就是一种蓄势的运用，为卖方说服买方起到了关键的作用。

漂亮的导游小姐莫菲，被年长她十岁的男士沈通喜欢上了。沈通心里明白，冒昧地提出这事，只会遭到她的拒绝。富有心计的沈通在和她交往中注意做到三点：一是逗她开心。他常常用小幽默、小笑话引得她笑声不断。二是给她惊喜。一次，莫菲到深圳出差，沈通竟然奇迹般地捧着一束香水百合出现在莫菲的面前，让莫菲激动不已。三是给她关怀。譬如说，莫菲昨天晚上没睡好，沈通在今天不但会一眼看出她脸上所带的倦意，而且还认真地关照一番。如此下去，莫菲渐渐地对沈通产生了好感，后来到了一日不见如隔三秋的地步。在一个春意融融的上午，沈通郑重地向莫菲求爱，其结果就不用多说了，莫菲全然忘记了年龄相差过大这个恋爱障碍。

在这个事例中，沈通对莫菲的三点做法，就是蓄势。当所蓄的势到了一定程度，自然就会消除前进路上的障碍物。

在人际交往中，可能你会比别人多付出一些汗水，多做了一些贡献，多搞了一份投入；可能你对某个问题考虑得更多一些，分析得更透彻一些，解决方法更恰当一些；可能你的谈话先声夺人或情理服人，这些人际交往中的积极行动，会使你在心理上、气势上压过对方。

老李是一家大型物资交易中心的谈判高手。50多岁的人了，每次与人谈判，都要比对方早到10分钟。随从们对此感到不可理解，他们问老李："您比对方大一二十岁，为什么不让对方去等你呢？"老李微笑着说："与人约会，如果你比对方晚到几分钟，你的心里会有什么样的感觉呢？"见随从们没有回答，老李接着说："如果晚到，心里就感觉好像欠了对方什么，因此在心理上就稍占下风，谈判中该争取的事项也不好意思争取了。反过来说，如果先对方而到，心里便会有一种优越感。在谈判开始就处于优势地位，对后面整个谈判事件的发展会非常有利。"随从们听到这些，立刻向老李竖起了大拇指。老李的约会"早到"做法，也是一种蓄势方法。早到，就增加了自己的一点气势，挫掉了对方一些锐气，从而使谈判朝着有利于自己的方向发展。

心理学家泰勒发现，一个人在自己熟悉的环境里比在别人熟悉的环境里更有影响力。美国某公司与日本某企业计划进行一笔大宗买卖。他们开始争论的焦点不是质量，也不是价格，而是谈判地点。美国公司想把谈判地点定在美国的某个城市，而日方则打算把谈判地点安排在日本的某个风景区，他们最后争论的结果是，谈判地点不在美国，也不在日本，而是选择了日内瓦。美方与日方都明白，谈判地点定在自己的国家，会使谈判朝着有利于自己的方向发展，即便不能在自己熟悉的环境里讨论事情，也要尽量争取在平等的环境中进行，因为这样做对方也没有了地域优势。

  在交际活动中，选择熟悉的环境是一种蓄势方法。如果想提高自身的影响力，就应该把交际场合尽量安排在自己熟悉的环境里，从而能够借助地利来为自己增添力量。

2 毛竹气度

某位农民在自家承包的荒山沟里，撒下了一片毛竹种子，这是他到南方打工时，一位工友赠送的。或许这位在北方长大的农民没有毛竹种植经验，当种子撒下后，仅有一粒成活。虽然只蹿出一棵毛竹苗，但这位农民还是欣喜异常。他经常给它浇水、施肥。

一天、两天，一月、两月……令这位农民失望的是，当周围的蒿草、灌木从小苗长到一米多高时，毛竹苗还是一动不动。

这位农民反复琢磨哪儿出了问题，最后，他断定是毛竹水土不服。一天，这位农民想铲掉这棵毛竹苗。就在他拿起铁铲的时候，一位同村的人在远处喊他，请他帮个忙。这一声喊，使毛竹苗逃脱了厄运。渐渐地，这位农民就把毛竹苗的事淡忘了。

第二年、第三年……虽然雨水充沛、光照充足，但那棵毛竹苗还是一动不动。要不是这位农民忘记了，或许他很早就一脚把它给踩断了。

到了第六年,一场春雨过后,这位农民到自家承包的山沟里看一看。他突然发现有一棵一米多高的毛竹苗拔地而起。

这是哪儿来的毛竹苗?他仔细回忆,终于记起五年前的事。不错,当时他还在这棵毛竹苗的北面放置了一块红色巨石来挡风呢。

这位农民感到非常奇怪,为什么过了五年才开始生长!

更奇怪的事还在后面,在以后的每一天,毛竹苗都以60厘米的速度疯长,一直长到20多米高,其高度超过了山沟里所有的树木和花草,其胸径也已经有10多厘米。不论是生长速度,还是自身块头,其周围的蒿草、灌木都远远不是它的对手。

又一场春雨过后,山沟里突然蹿出数十株披着细毛的毛竹竹笋,这些竹笋同样以每天60厘米的速度狂蹿。一个月后,昔日的荒山沟变成了一座毛竹园。

这位农民惊诧之余,拿着铁铲挖了挖山沟的土地。他发现毛竹的地下鞭茎已经遍及整个山沟,辐射直径达1千米。原来,在过去的五年里,虽然地表上看不到毛竹苗生长的迹象,但土壤里,它的根系却在不停地壮大和蔓延。

这位农民长叹一口气,他庆幸自己当年没有毁掉这棵毛竹苗。

在社会中，你想做蒿草、灌木，还是想做一夜之间蹿入云霄的毛竹？

不用说，多数人都愿意做毛竹。如果你想做毛竹，就要拥有毛竹气度。这气度就是：沉得住气，耐得住寂寞，俯下身子，站稳马步，扩大根系，积攒能量，按兵不动，蓄势待发。一旦时机成熟，你定会拔地蹿天。

3 危险的朋友

蚂蚁与蚜虫总是比邻而居。二者相比,前者是强者,后者是弱者。前者为后者提供了保护,赶走了蚜虫的许多天敌,但不要据此就说蚂蚁是蚜虫的亲密朋友。要知道,蚂蚁之所以这样做,是为了享用蚜虫和蚜虫提供的美味佳肴。蚜虫能够分泌出一种含有大量糖分的露汁,这是蚂蚁所喜欢的食物。为了获取这种露汁,蚂蚁会咬掉蚜虫的翅膀,或者分泌出一种化学物质来抑制蚜虫翅膀的生长,不让它们飞走。另外,蚂蚁还会控制蚜虫种群的数量,以满足它们对露汁的需求。蚂蚁在自己的足迹中留下具有镇定作用的物质,这种物质能控制蚜虫种群的数量。当蚜虫过多时,蚂蚁会毫不犹豫地吃掉其中一部分。

原来,蚂蚁保护蚜虫不是为了友谊,而是为了美食。虽然双方都从彼此的关系中受益,但蚂蚁和蚜虫的世界并非那么和谐。如果硬说双方是朋友,也只能勉强地说蚂蚁是蚜虫的危险朋友。

蚂蚁与蚜虫的世界如此，人与人的一些关系也是这样。

有笑脸、有礼拿、有酒喝……不要因此就断定他是你的要好朋友。送礼的人或许是为了控制收礼的人，就像蚂蚁对待蚜虫。

葛放在城建管理部门工作，随着职务的提升，葛放的朋友越来越多。这些朋友，有的是贩建材的，有的是搞建筑的，有的是搞装修的，有的是干餐饮的，要么是地道的生意人，要么是赚分成的二道贩子。他们鞍前马后，对葛放很是热情，有事没事都和他来往。葛放遇上什么困难，这帮朋友都鼎力相助。原先，葛放家搞装修，自己去买料、雇人，花钱少了人家还不干。现在好了，自从他交上这些朋友后，一个电话，贩建材的免费送货上门，并且还是优质产品；搞建筑和装修的不但带来了工人，还带来了设计师；干餐饮的管吃管住，一分钱也不要。不到一个月的工夫，住房装饰一新。葛放如同搬进了新居，还节省了一笔不菲的开支。

类似的事情，一件接着一件。葛放感觉有这些朋友真好，于是他和这帮朋友的交往越来越多。特别是他当上了批工程的部门领导后，每天手机响个不停，不是请吃饭的，就是送礼的，或者是问候的。喝到尽兴处、玩到高兴处，新朋友和老朋友都拍着葛放的肩膀直叫"哥们儿"，葛放也借着一股豪气，大拍胸脯说："哥们儿，有事找我。"

开始，这些哥们儿找葛放办的都是小事，随着葛放手中的权力变大，就找他承包一些项目和工程。虽有一定的难度，但葛放仍不遗余力地去办。办成了，哥们儿几个都要对葛放表示感谢，礼品都是重重的，红包总是厚厚的。葛放来者不拒。他不知道，那些人送礼时都录了音。

礼收多了，哥们儿还是那帮哥们儿，但见面或打电话不再那样谦恭了。说的事如果办不了，有的哥们儿就开始要挟，甚至把录音带寄给他。葛放此刻才明白，自己被这些"哥们儿"套牢了，想脱离，已是不可能的了。最终有一天，葛放利用职权谋私的事东窗事发，那帮"哥们儿"为了脱罪，将他一五一十地供了出来。原本热热闹闹的葛家，顷刻之间门前冷落车马稀。

如同蚂蚁一样，那些"哥们儿"，只是葛放的一批危险朋友。

4　少了一道程序

我到邻居老姜家玩，看到老姜正在清洗鱼缸。他先把鱼缸里的水以及金鱼小心翼翼地倒进面盆里，然后往空鱼缸里喷一些玻璃清洁剂，用刷子来回刷几下，再用自来水冲洗干净。一小会儿的工夫，鱼缸变得光洁如新。

我家里也养鱼，知道鱼缸使用一两年，缸壁上就会附着一层淡黄色、油腻腻的污垢，很烦人。

回到家后，我照搬老姜的做法，用玻璃清洁剂把鱼缸洗刷得干干净净，然后把金鱼重放进缸里。看到金鱼在光亮的鱼缸里自由自在地游来游去，我心里特别高兴，我估计鱼也很兴奋。可是第二天，其中一条金鱼死了，真是太糟糕了；第三天早上，我发现又有一条金鱼死了；第三天晚上，第三条金鱼也死了。此刻，我意识到，金鱼的死可能与之前清洗鱼缸有关。我马上赶到老姜家，我估计他养的鱼也会是这种局面。可出乎意料，老姜家的金鱼活蹦乱跳，连一点生病的迹象也没有。

同一种劳动，为什么会有两番风景？我把疑问讲给老姜听。考虑了半天，老姜问我："你在用自来水冲掉玻璃清洁剂后，是否把鱼缸拿到阳台上去暴晒一天，然后再放金鱼？"我说我没有，我清洗好后直接把金鱼放进缸里了。老姜说："问题就出在这。虽然表面上看，水把玻璃清洁剂冲掉了，但总有一些残余，这些残余就成为无形杀手。要想去掉残余玻璃清洁剂，有两种办法：一是把鱼缸晒上一天，阳光可以去除残余的清洁剂；二是用草木灰清洗一遍，草木灰呈碱性，玻璃清洁剂呈酸性，两者能够中和。"

听完老姜的讲解，我后悔得不得了。原来，我比老姜少了一个程序，因此出现了两种局面。我本想让金鱼有个清新的环境，可我的粗心大意害死了我一直呵护的金鱼。

出发点很好，可事与愿违，这在生活中很常见。比如批评他人，我们往往认为自己所做的是对的，但我们的自以为是和一心向善可能超出了他人的承受限度。结果批评成了伤害他人自尊的无形杀手。

常言道："良药苦口利于病，忠言逆耳利于行。"批评是有益的、必须的，但我们还要注重批评的艺术。为什么这样说呢？因为凡是批评，就多少带有一定杀伤力，如果把握不好，就会让好事变成坏事。

我们要清洗鱼缸，但也不能伤害金鱼。我们要批评他人，但也不能伤害人际关系。那么我们怎么做，才能够让别人接受我们的批评而又不受到伤害呢？其中有很多的技巧。

在批评的过程中，我们绝不可以只批评不表扬。因为不管是什么人，都有一些优点。大家在批评别人的时候不妨先来上一段表扬，在表扬以后，真诚地向批评对象提出自己的意见，并指明他应该去努力的方向。比如我们是老师，要批评学生的懒惰行为，可以这样来说："你很聪明，请以后勤奋点。""批评"和"赞美"本是两个相对立的事物，但可以融合在一起，让对方美美地听着赞叹话语，深深地领会到自己的不足。

在批评的过程中，我们可以借助幽默话语来感召对方。幽默的语言既能活跃气氛，又能发人深省。运用幽默的话语提出批评，往往会胜过那些干枯的说教，达到事半功倍的效果。比如说，甲拜访乙，自称是市长的朋友。那么乙不妨这样说："请你坐两把椅子。"也就是用幽默诙谐的话语表达自己的批评之意，这要比直接批评好得多。用幽默之水来行批评之舟，是一个屡试不爽的良方。

在批评的过程中，我们可以做一下自我剖析和检讨。比如说，批评别人心直口快、不注意工作方式，你不妨这样说："我也是直肠子，我根据我的经验教训来劝告你。"你也有不足，他也有不足，半斤八两，彼此相当，这样批评就容易被接受了。另外，做一下自我检讨，就是不直接道出批评之意，对方也会做一下深刻反省，不至于伤害对方的自尊。

恰当的批评，就像园丁修剪花草一样，对别人是有很大帮助的。但如果不注意方式，少了那么一两个程序，伤了被批评者的自尊心，不但达不到让其改正错误的目的，还会有损两人间的友谊，以后，纵使再说一大堆好话，也不能恢复两人间原有的信任。良药溶入糖块中，就不会"苦口"；忠言寓于赞美、幽默、自我批评等话语中，就不会"逆耳"。这些相当于糖块的赞美、幽默、自我批评等话语，其实就是清洗鱼缸后不可缺少的那一个程序——阳光暴晒或草木灰中和。如果想要达到春风化雨、润物无声的最佳批评效果，就应该学会批评的艺术。它既会对被批评者有帮助，也会对批评者有益处。

5 冷热水效应

由于工作需要，你打算将一名职员由城区调整到郊区工作，你能够凭借言谈技巧让他顺利接受吗？当事业滑坡时，你能够凭借简单的几句话使自己立于不败之地吗？当发给员工的薪酬不高时，你能够通过几句话让员工保持旺盛的工作热情吗？这些问题我们都可使用同一个技巧顺利解决，那就是冷热水效应。

某化妆品销售公司的严经理，因工作上的需要，打算让家居市区的推销员小王去近郊区的分公司工作。在找小王谈话时，严经理说："公司研究，决定让你去担任新的重要工作。有两个地方，你任选一个。一个是在远郊区的分公司，一个是在近郊区的分公司。"小王虽然不愿离开已经十分熟悉的市区，但也只好在远郊区和近郊区当中选择一个稍好点的近郊区。而小王的选择，恰恰与公司的安排不谋而合。而且，严经理并没有多费唇舌，小王也认为选择了一个比较理想的工作岗位，双方都满意，问题得以顺利解决。

冷热水效应

　　某汽车销售公司的老李,每月都能卖出30辆以上的汽车,深得公司经理的赏识。由于种种原因,老李预计这个月只能卖出10辆车。深懂人性奥妙的老李对经理说:"由于银根紧缩,市场萧条,我估计这个月顶多卖出5辆车。"经理点了点头,对他的看法表示赞成。没想到一个月过后,老李竟然卖了12辆汽车,公司经理对他大大夸奖了一番。假若老李说本月可以卖30辆或者事先对此不说,结果只卖了12辆,公司经理会怎么认为呢?他会强烈地感觉到老李失败了,不但不会夸奖,反而可能会指责老李。

　　袁老板经过慎重考虑,决定给刚刚聘请的技术员小宫3万元的年薪。这个薪金数虽然不高,但袁老板认为小宫会接受下来的,唯一担心的是怕这个问题处理不好,影响他的积极性、创造性。老成持重的袁老板想出了一个妙法,他对小宫说:"基于咱们厂的实际情况,只能付给你2万元的年薪。"稍一停顿,袁老板接着说:"不过3万元也可以考虑,你认为如何?"小宫一听"2万元",就有点儿不乐意,当听到"3万元"时,心里就有点儿高兴了。他爽快地说:"我听您的。"袁老板说:"3万元相对于厂里的其他人员来说,已经很高了。实话和你说,我这个做老板的对此也犹豫不决,不过,只要我们齐心协力,顽强拼搏,就是砸锅卖铁,我也要把3万元钱发到你的手上。"小宫心里感觉暖暖的,他对并不算高的薪金数,不但不灰心丧气，反而心情愉快。

以上三个事例都是运用了冷热水效应。一杯温水，保持温度不变，另有一杯冷水和一杯热水。当先将手放在冷水中，再放到温水中时，会觉得温水热；当先将手放在热水中，再放到温水中时，会觉得温水凉。同一杯温水，出现了两种不同的感觉，这就是冷热水效应。这种现象的出现，是因为人人心里都有一杆秤，只不过是秤砣并不一致，也不固定。随着心理变化，秤砣也在变化。当秤砣变小时，它所称出的物体重量就大，当秤砣变大时，它所称出的物体重量就小。人们对事物的感知，就是受这秤砣的影响。

在第一个事例中，"远郊区"的出现，缩小了小王心中的"秤砣"，从而使小王顺利地接受去近郊区工作；在第二个事例中，预先把最糟糕的事态委婉地告诉别人，使对方心中的"秤砣"变小，以后即使失败也立于不败之地；在第三个事例中，首先让小宫尝尝"冷水"的滋味，使他心中的"秤砣"缩小，当"温水"端来时，他会愉快接受。运用冷热水效应，可以使人们从困难、不幸中挖掘出成功和快乐来。另外，从某种角度说，一个人只有保持心中的"秤砣"合乎常规，前后一致，才能正确地评价自身和外在的事物。

6　寻求共鸣

俗语说："两人一般心，有钱堪买金；一人一般心，无钱堪买针。"声学中也有此规律，叫"同频共振"，就是指一处声波在遇到另一处频率相同的声波时，会发出更强的声波振荡，而遇到频率不同的声波则减弱。人与人之间，如果能使自己的"频率"与别人的"固有频率"相一致，就能够增进友谊，结成朋友，从而获得帮助，取得成功。这种"同频共振"，就是共鸣。

在美国密苏里州，有位农民叫迈克。他虽然学问不高，却立志参选州议员。他前后经历了五次竞选，都以失败告终。至于失败的原因，并不是准备不足（据说他在每天挤牛奶的时候，都不忘排练竞选演说），而是没有跟选民产生共鸣。细心的人发现：不管是正式竞选，还是模拟排练，每当迈克提到自己的时候，用的都是"您卑下的候选人"这样的词儿；而当提及他的听众时，用的则是"我的文明智慧的选民们"这样的称呼；并且在各种场合，都是用"宪法赋予的神圣权利""竭尽全力为公众服务"之类的官腔。

虽然五次失败，但迈克一点不气馁。他依旧在"文雅""专业"等竞选"素质"上下功夫。然而有一天，当他一边挤牛奶一边忘情地练习竞选演说时，不知何故，奶牛飞起一脚踢到他的牙齿上。因此，迈克的几颗门牙被踢掉了。这样，即使他使出吃奶的劲也只能一个音节一个音节地往外蹦词儿。"飞来横祸"让迈克竞选议员有了"致命缺陷"，但这丝毫没有挫伤他的竞选积极性。出人意料的是，迈克第六次竞选竟然大获全胜，这好像是一个戏剧性的结果。并且第七次竞选，迈克又以优胜成绩获得了连任。

一心扑在"政治"上的迈克即使在两次胜利后，也没搞清为什么前五次他竞选失败了，而后两次成功了。或许他会永远埋怨踢他的奶牛，但他不知道应该感谢他的奶牛，因为正是这头奶牛的"一脚"让迈克成了州议员。为什么这样说呢？因为失去门牙的迈克不能再"装腔作势"了，他回归了本色，从而与选民们"同频共振"，产生共鸣，打成了一片。对于选民们来说，他们愿意信任那些与他们说同样话语的人。也就是说，敲开选民心扉、拨动选民心弦的，是共鸣。

如果人们想提高自己的人气指数，请记住一条，取得共鸣是非常重要的，因为人们总是对那些与自己习惯、信念、观点、爱好、言语等发生共鸣的人产生好感。

7 由雁阵想到人群

大雁是人们熟知的鸟类，常见的有鸿雁、豆雁、斑头雁和灰雁，在民间统称为大雁。"八月初一雁门开，鸿雁南飞带霜来。""万里人南去，三春雁北飞。""孟春之月鸿雁北，孟秋之月鸿雁来。"自古至今，大雁一直是人们称颂和赞叹的对象。

称颂和赞叹什么？

一是雁阵的科学和合理。大雁在迁徙时总是几十只、数百只，甚至上千只汇集在一起，互相紧挨着列队而飞，人们称之为雁阵。雁阵由有经验的头雁带领，加速飞行时，队伍排成"人"字形，一旦减速，队伍又由"人"字形换成"一"字长蛇形，这是为长途迁徙而采取的必要措施。当飞在前面的大雁在空中划过时，翅膀尖上就会产生一股微弱的上升气流，排在它后面的就可以利用这股气流帮助自己飞行，从而节省体力。头雁因为没有这股微弱的上升气流可利用，很容易疲劳，所以在长途迁徙中，雁群需要经常地变换队形，更换头雁。头雁往往是有经验的老雁，而幼雁和体弱的雁，大都插在队伍的中间。

二是大雁热情十足，能给同伴鼓舞。它们的行动很有规律，会边飞边鸣，不停地发出"咿啊""咿啊"的叫声。这叫声除了起到起飞、停歇等信号作用外，还有一项重要作用就是鼓励飞行的同伴。

三是大雁的组织纪律和群体意识在鸟类群体中是最强的。大雁每年春分后飞回北方繁殖，秋分后飞往南方越冬，飞行路线是笔直的。每一次迁徙都要经过1—2个月的时间，途中历尽千辛万苦。但它们春天北去，秋天南往，从不失信。不管在何处繁殖，何处过冬，它们总是非常准时地南来北往。大雁群居水边，往往千百成群，夜宿时，有老雁在周围专司警戒，如果遇到袭击，就鸣叫报警。

在由衷地赞叹大雁之时，人们是否想到自己在很多地方不如大雁呢？

例如，某些社会小群体的领头人不是工作经验丰富的人担任，而是一些通过不正当手段上去的人担任；不是奉献意识强的人担任，而是一门心思捞取好处的人担任。另外，小群体的领头人不是合适的人轮流担任，而是某一个人十几年甚至二十几年地干下去，其僵化的思维搞得整个群体一潭死水、混浊不清。在某些小群体里，人员结构也不是很合理，工作方式也不是很科学，并且强者受压抑，弱者遭打击。某些群体里，人们之间尔虞我诈、钩心斗角，团结拼搏、和谐共建的氛围不强。某些群体里，行动无章法，工作无套路，纪律涣散，一盘散沙……

在进一步了解了大雁的习性后，我们是否应该坐下来反思一下、学习一下呢？对大雁的纪律、情操，我们不应只停留在口头赞美上，还应该大力推崇，让"大雁精神"成为我们社会组织文化中的重要一部分。

8　友善似药

我的邻居老姜,信奉"与人为善"的处世原则。他看到他的一位旧时同学身陷下岗的困境,便为之四处奔波,终于为同学找到了一份新工作。他担心同学不吸取以前的教训,便跑到他的家里坦诚相劝:"今后不要整天板着脸,到了新单位如果依然如故,深重的戾气还会招来危机。"同学点头听着,按说至此老姜就该打道回府了,可是热心的老姜还在絮絮叨叨地说道:"在家也要讲和气,老婆、孩子是你的心肝宝贝,千万不要打老婆、骂孩子。家庭成员之间要互相体谅,相互爱护,家和万事兴嘛!"这些话语,发自老姜友善之心,并无他意,但属多虑多余之话。同学恼火了:"你凭什么教训我?难道我是恶棍吗?难道我欺凌老婆孩子了吗?"同学不但没有接受他的帮助,反而怨恨于他,并且对天发誓,从此和他绝交。这则事例使我想到,友善就像一种药。药的剂量大了,对病人有害;友善过头了,便成了愚善。老姜的这次善举,前半部分是友善,后半部分便是愚善。剂量大的友善是愚善，不该施药偏去施药的友善也是愚善。

友善似药。剂量不够的友善又是什么呢？我原来的工作单位，有个同事叫老屈，别看他姓屈，可是与人交往，他一点儿也不受屈。他的私心特重，见钱眼开，仁、义、礼、信这些美好的字眼，在他的心中，只是"愚蠢"的代名词。有一次，别人口袋里掉出来10元钱，眼疾手快的老屈一把抓在手里。旁边的一个同事看了个明明白白，正直的他以实情相告。可是老屈怎么会承认呢？他先是旁引佐证，后是对天发誓。如此一番下去，直弄得掉钱的人声明未掉钱。

还有一次，我的手指被小刀划了一下，流了两滴血。老屈看见了，心疼得不得了。他拿了一块纱布将我的手指缠了又缠，缠后关心地问我疼不疼，接着嘱咐我不要干活，尤其不要干那些接触水的活，最后"批评"我不爱护自己的身体。一番热切的话语，说得我心潮澎湃，心想老屈可完完全全变了一个人。可是到了第二天，这种想法就如同吹起的肥皂泡，很快就消失了。原来，第二天，上级组织部门来考察单位领导人选，老屈是候选人之一。此时，我的心里像打翻了五味瓶。不用多说，了解此事的人们都会觉得老屈的友善缺了点什么，因为这不是发自内心的友善。这种友善就是一种剂量不够的药，这种剂量不够的药就是伪善。

剂量合适的药是一种良药，良药式的友善太珍贵了，因为这种友善是联结情感的纽带，是沟通心灵的桥梁，是增强团结的基石。这种友善是一面旗帜，无须号令，可以招之即从；这种友善是一块碑石，无须声张，可以潜移默化；这种友善似一缕清风，可以除却人际间的烦躁；这种友善如一泓碧水，可以润泽情感中的隙缝。

友善似药。我们不要送给他人剂量过大的药，也就是不要愚善；还要发现剂量不够的药，也就是识破伪善；更要多多地呈给他人剂量合适的药，也就是多做良药式的善事。

9　从蜘蛛本领说起

很多人只是知道蜘蛛织网,守株待兔,并不知道蜘蛛捕食本领不亚于人类捕鱼。

本领之一是"网捕"。由鬼面蜘蛛编织的网非常特别,看上去就像一张渔网。织网前,鬼面蜘蛛先选一个离地面很近的点,然后开始织网。织好后,鬼面蜘蛛就会将前腿伸下去探一探与地面的距离,然后把连接"渔网"的大部分辅助丝线都剪断,只留下那张毛乎乎的"渔网"。捕猎时,鬼面蜘蛛用四只前腿将网举起来,眼睛紧盯着地面。一旦有猎物走到它高举的"渔网"下面,它就会毫不客气地将网猛地罩到猎物身上,并将其紧紧捆住。带有绒毛的蛛丝会死死地缠住猎物,使之很难挣脱。

本领之二是"钩钓"。"渔翁"蜘蛛捕猎时,先在树林里选一根又轻又直的树枝作"钓竿",然后在树枝的一端吐出一根长长的蛛丝,下面吊着一个用黏液做成的丝团。这样,"钓线"和"钓饵"都有了。当昆虫在森林里飞来飞去时，看到随风飘荡的"钓饵"，大都认为是一种美味，从而立刻扑上去。此时，黏液会立刻把昆虫粘住。然后，"渔翁"蜘蛛顺着"钓线"而下，将昆虫吃掉。在没风的时候，"渔翁"蜘蛛就用前腿拉动蛛丝，让"钓饵"摆来摆去，引诱昆虫上钩。

本领之三是"下水"。水蛛利用其身上的绒毛能吸附空气的功能，将空气带入水下。为了不让带入水下的空气漂浮上来，水蛛在这个大气泡里用丝编织一个框架，然后再用一根丝将这个气泡绑缚在水草上。这个由丝和空气组成的气泡就成了水蛛坚固的水下住房。水蛛建造的"气泡房"不仅能储氧，而且还能制氧。随着水蛛的呼吸，气泡中的氧气浓度不断下降，当浓度低于16%时，溶于水中的氧气便会自动补充进来。"气泡房"建成后，水蛛就会去捕捉小鱼小虾，将这些猎物带到"气泡房"里慢慢享用。

我们在惊叹蜘蛛的不凡智慧和高超技能的同时，不要忘了防范社会上那些和蜘蛛一样靠伪装来进行诈骗的坏人。这些坏人，一是精心编织一张敲诈之网，等待那些贪小便宜之人来临；二是以金钱美女作诱饵，钓那些贪财贪色之人；三是钻到人群里，戴着伪装的面罩，装成正人君子，去寻找那些轻信、麻痹、虚荣、幼稚的人，并果断出手。他们的这种伎俩与蜘蛛的本领、人类捕鱼的方式如出一辙。如此看来，世间很多事物，其中的道理是那么相同。

害人之心不可有，防人之心不可无。了解坏人常用的这些手段，并加以防范，就可以避免使自己误入歧途、落入圈套。

针对伪装的伎俩，我们有三种应对之术。一是切忌贪小便宜，遇到事情三思而后行，切莫钻进坏人设下的圈套；二是要经得住财色引诱，做一个响当当的硬汉子，不被突然而来的"好事"迷惑眼睛；三是提防夸夸其谈的"能人"，不感情用事，对那些显摆自己"本事"或"能耐"的人，或者过于热情"帮助"你解决困难的人，要特别注意，不要一味"跟着感觉走"。

10　树木扼杀者与小人

寄生无花果树是一种十分奇特的树木,它依靠种子来传播和繁殖。在鸟儿以及风雨的作用下,大部分种子被抛撒在了雨林中的地面上。这些地方由于浓密的枝叶遮挡而终年不见阳光,所以种子难以生根发芽,而另有少量的种子恰好落在了树杈裂缝处所存留的湿润苔藓与腐烂的树叶中。对于如小米粒大小的无花果树种子来说,这是一个理想的生长环境。它会不断向上生长,到达树冠,以此来获取阳光的滋养。同时,它的根茎会顺着所依附的树干向下延伸,像坚实的虎头钳一样紧紧环绕住所依附的树干。有些无花果树的根茎会将寄主树干完全包围起来,看上去就像人工搭建的脚手架一样。由于无花果树根茎的缠绕,寄主树木的生长就受到了限制,经年累月后便慢慢枯萎而死亡。因此,寄生无花果树也被称作"树木扼杀者"。

这种"树木扼杀者"与人类社会中的"小人"非常相似。在细说之前,我们先来回顾一下历史上的一个经典例子。

齐桓公小白,当年是个了不起的君王。他从莒地回国争夺王位途中,被管仲射中,差点丢了命,但他不计个人恩怨,考虑管仲是个治国之才,便重用管仲为相。后来,他采纳管仲政见,厉行改革,使国富民强。外交上,他多次大会诸侯,订立盟约,成为春秋时期第一个霸主,并充任盟主近40年。历史上,这样的卓越君王不多。可是他有一点不好,就是特别喜欢对他逢迎谄媚的"小人"。齐桓公说,天下能吃的东西,我都吃过了,唯独没尝过人肉。身边的易牙听了,第二天,就将他小儿子的肉端给齐桓公品尝。有个叫竖刁的,为了能进宫侍候齐桓公,阉割自己。还有个开方,背亲以事桓公。后来管仲病重,齐桓公问,这三个人当中哪个能接相位?管仲说,杀子邀宠的人,自宫求荣的人,背亲献媚的人,靠得住吗?齐桓公不听。公元前645年,管仲病逝,临终前再次告诫齐桓公要疏远易牙、竖刁等人,但齐桓公没有这样做,仍然重用这些人。到了公元前643年,齐桓公患重病,易牙、竖刁等人认为机会到了,便假借齐桓公的命令,堵塞齐宫大门,不准任何人进入宫内。齐桓公病在床上,没有一个人过问,最后,这位称雄一世的霸主竟然活活饿死在宫内。齐桓公的五个儿子为了争夺权位互相残杀,谁也不管父亲的死活。结果,齐桓公的尸体在宫中整整搁置了 67 天，尸体生了蛆也无人收葬，其下场实在可怜。

当巨大的身躯被"小人"一步步缠住时，其命运也就可想而知了。"树木扼杀者"与"小人"是多么相似！归结起来，二者有如下相似之处。

一是都能"贴"。"树木扼杀者"总有少量种子会落到某棵大树的树杈裂缝处；"小人"善于伪装，擅长投其所好，所以也总能"贴"上权贵。话说回来，只有"贴"上，才能施展他们的卑鄙伎俩。

二是都善"借"。"树木扼杀者"攀附大树，是借其高大躯干来获取阳光滋养；"小人"之所以巴结权贵，是想借其手中权势来达到自己的目的。二者所为，殊途同归。

三是都会"反"。"反"就是翻脸不认人。"树木扼杀者"长到一定程度，便将依附的大树困死；"小人"也不想永远低三下四，当权贵失去利用价值时，"小人"的狠劲、恶劲便会超越当初的"贴"劲。

雨林中的树木无力摆脱寄生无花果树的种子，但明智的人可以摆脱"小人"的纠缠。"亲君子，远小人"，自古至今，都是响当当的真理。

11　杜鹃鸟与识人

杜鹃鸟俗称布谷鸟，因为这种鸟高歌之时，正是杜鹃花盛开之际，所以人称杜鹃鸟；又因为芒种前后，这种鸟儿发出"快快布谷"的叫声，所以俗称布谷鸟。从古到今，杜鹃鸟一直是一些文人称颂的对象。"布谷声中雨满犁，催耕不独野人知。""时令过清明，朝朝布谷鸣，但令春促驾，那为国催耕。""杜鹃叫得春归去，吻边啼血苟犹存。"这些诗歌描述了杜鹃鸟为催人"布谷"而啼得口干舌苦、唇裂血出的场面，赞扬了它心向他人、认真负责的精神。

然而，大自然中的杜鹃鸟，并非人们想象的那样美好。杜鹃鸟发出布谷声，乃是为了寻找配偶。与人们赞颂的精神相反，杜鹃鸟是个自私自利的托卵寄生鸟。到了繁殖期，杜鹃鸟便把自己的蛋产在芦苇莺的巢中。由于它们的蛋和芦苇莺的蛋无论体积还是外貌都十分相似，所以芦苇莺不会发现，而且为了掩饰，杜鹃鸟还会偷走其中一只芦苇莺蛋。傻傻的芦苇莺替人家养小孩却毫不知情。这只是噩梦的开始，杜鹃鸟幼雏通常会较早孵化出来，它一破壳，眼睛还未睁开的时候，便会用强有力的爪将正宗芦苇莺蛋一个个推出巢外，确保自己得到专一喂养，并且不会因相貌不同而露馅。

当看到芦苇莺的辛勤、杜鹃鸟的所为时，人们定会哭笑不得。我们有没有想到过我们把本该鞭挞的现象错误地予以赞扬了呢？

看一下我们的社会，一些不学无术、才能平庸低下但很讨领导欢心的人往往很吃香，被委以重任；又有多少"优秀企业家""优秀经营管理者""劳动模范""模范干部"等荣誉称号获得者，因贪污受贿、以权谋私而成为阶下囚。因此，当今社会，人们越来越需要心明眼亮、刚正不阿的领导人物。

凡是了解了杜鹃鸟真相的人，一定会在内心告诫自己要不断提升识人能力。那么，怎样才能提高辨别能力呢？这就要求我们，在了解一个人时，要全方位观察、立体化认识，不能只看他是否会"来事"、是否会"做人"。我们要善于从细微之处辨别：警惕那些逢迎拍马、投机取巧、冠冕堂皇的人，这类人常常是"当面抱拳，背后捅刀"；赏识那些做事光明磊落、不拉帮结派、爱岗敬业的人，这类人往往忠厚诚恳、尽职守责，对上级诚而不媚，对下级严而不酷，对同级真而不诈，是任何一个先进集体都需要的人才。

12　暖手的必不保温

近日，与某领导干部一起出差。在路上，他和我讲，当年他在某县当县长时，一个政府办公室主任对他极尽巴结。这个人善于察言观色，精于揣摩领导意图。他费尽心机去想县长之所想，急县长之所急，甚至想县长不能想，为县长所不能为。日常工作生活中，县长嘴馋了，他去弄可口食品；县长瞌睡了，他去送软枕头……真可谓是细致周到，体贴入微。

这位领导干部说，政府办公室主任办事不死板，分寸掌握得恰到好处。有了这样的下属，他感到"有官一身轻"，每天活得乐滋滋的。可总不是天天万里无云，有一日，县里出了一起安全事故，这位领导干部负有不可推卸的领导责任。因此，他被组织上调整到市里一个科研单位，当上了有职无权、有名无实的领导干部。自从离开县长这个位置后，他便与那个政府办公室主任失去了联系。半年后，这位领导干部所在的科研单位与该县有了一起纠纷，他便前来办理此事。到了县里后，他想到了那个曾经每天都嘘寒问暖、为他抬轿子、吹喇叭的县政府办公室主任。于是他给这个主任打电话，这个政府办公室主任竟然声音冷冰冰的，热情和恭维都大不如从前了。这个政府办公室主任带着一种蔑视和讽刺的口气说自己到外地出差了，恕不能相陪。可就在放下电话后不到半小时，这位领导干部亲眼看到了这个政府办公室主任正在政府招待所里接待客人。

这位领导干部对我讲，都说"人走茶凉"，只是没想到"凉"得这么快、温差这么大，想起来让人心寒。

反正在出差路上，闲得无聊，我便和他讲了生活中的一个现象：从一排一模一样的暖水瓶中，挑出其中不保温的暖水瓶，只需要逐个摸一摸它们的外壳，暖手的必是不保温的。那些过分讨好人的人，虽然让别人一时耳热，却很难说他的心会"保温"。擅长巴结讨好的人，往往愿意用冷水泼人甚至落井下石。这样，他们的心理才会平衡。古人讲，"君子之交淡如水""平平淡淡才是真"就是基于这个道理。

听完我的比喻，这位领导干部无比感慨地说，同事、朋友萍水相逢，如能做到淡泊名利，彼此把友谊装进心里，该多好啊！可就是这样简单的事，做起来怎么这样难呢？

13　刺猬距离法则

两个人吵架的时候，为什么总是大声嚷嚷？

两个人相恋的时候，为什么总是窃窃私语？

原来，人与人之间有个心理距离。当两个人吵架的时候，心理距离是相当远的；当两个人相恋时，心理距离是相当近的。人们在距离远时，就会不由自主地大喊；在距离近时，就会自然而然地小声耳语。

心理距离近了好，还是远了好？这不好一概而论，应该区别对待。

对于普通人，心理距离要远近适宜。每个人都有个心理"领地"，你走近了，他就会感到威胁；离得远了，人际关系便无形中生疏起来。对于普通人之间的心理距离，我们可以从一则寓言中去深加体会。天冷了，一群刺猬想相互靠近取暖。靠得太近了，身上的刺相扎；离得太远了，又不暖和。只有找到一个合适的距离，既不至于太远影响取暖，又不至于太近互相刺痛。这就是所谓的"刺猬距离法则"。人与人之间的交往，也是一样，中等程度的心理距离能够产生吸引效应，过近则产生排斥，过远则生疏冷淡。

亲人之间，心理距离往往是很近的。夫妻、父子、母女之间，一般说来都是亲密无间，很多情况下是"零距离"。我们要看两个人亲密不亲密，从空间距离上就可以判断心理距离。某男孩和某女孩很要好，究竟关系到了什么程度，观察一段时间，便会大略知晓。曾经有位心理学家这样教男孩追求女孩：当男孩不好意思开口表白爱意时，不妨利用空间距离来传达爱慕之情。一开始，男孩可以找机会缩小与女孩的空间距离，这样做等于向女孩表示"我喜欢你"，假使她没有往后退缩，就可以认为她在表示"我也喜欢你"。万一她慌忙往后退缩，也不要贸然认为她不喜欢你，她可能是害羞，也可能是受惊。

当人们之间产生误解和矛盾时，心理距离是相当远的。此刻一定要冷静，学会缓处理。等过上几天，各自的心理距离回缩了，就可以有事论事，有理讲理。不要小看了这"缓一缓"，它能够避免吵架，远离冲突。

若人们能够有效地缩短心理距离，则更容易实现事业成功和生活如意。那么怎样才能够缩短心理距离呢？这里面的诀窍很多。

一是以德报怨。三国时期，孙权部下甘宁和凌统有杀父之仇，起初是各不相容，但在孙权的劝导下没有爆发冲突，后来，甘宁不计前仇，在战场上救了凌统，从而化干戈为玉帛，两人结成生死之交。

二是心灵共鸣。看到柯受良驾驶摩托车飞越黄河那一惊心动魄的瞬间，现场的看客和电视机前的观众与柯受良之间的心理距离立刻得以拉近。人们为场面的惊险以及柯受良的胆量与气魄而惊叹，这就是心与心的共鸣。

三是相互一笑。男青年小王到一饭店吃饭，米饭中沙子很多，他不得不把它们吐到桌上。服务员小宁见了，很是不安，抱歉地说："尽是沙子吧。"小王摇摇头，微笑着说："不，也有米饭。"顿时，两人都笑了。因为这一笑，两人由互不认识到成为要好的朋友。

四是加强沟通。俗话说："一回生，二回熟，三回是朋友。""疏则远，密则亲。"人际交往的次数增多了，关系就会越来越密切。可以说，真心交往次数与亲密程度是成正比的，那些"老死不相往来"的人，心理距离肯定是远的。

五是团结进取。《孙子兵法·九地》讲："夫吴人与越人相恶也，当其同舟而济，遇风，其相救也如左右手。"比喻原来相仇视的人，在同一处境中，当遇到危急关头时，也会互相援助。可以说，如果有共同的奋斗目标，如脱险，人们的心理距离就会大大缩短。

六是紧密接触。国外有句俗语："将手搭在肩上，我们就是朋友。"的确，随着双方身体的紧密接触，两人的心理距离也会缩短起来。有人讲，握手不只是一种礼节，而且也是获取友谊的手段，这话就很有道理。随着手与手的相握，彼此的心理距离就缩短了。要想尽快与对方建立亲密关系，就应创造机会接近对方。

七是寻找共识。人们往往因为与对方是老乡、战友、同学，因为两人同是球迷、歌迷、舞迷；因为相貌相近、服装相近、年龄相近，因为观点相同、认识一致、感觉一样……便彼此觉得特别亲切。就是说，因为有"共同点"，心理距离就会大为缩短，不管在陌生人还是在熟悉人之间，都是如此。

八是特殊礼遇。一位朋友造访，无意间，发现他随身携带的电话号码簿上将自己的名字列在首位，一种亲近感便油然而生。在心情愉悦的同时，与对方的心理距离也缩短了。人们通常比较注意别人对自己的关心程度，如果受到特殊礼遇、特别关心，则容易对对方怀有好感。

九是直呼其名。如果将"小王""小李"改称"王五""李四"，即直呼其名，对年老的尊称"王叔""李姨"，那么不久你就会惊奇地发现，同事们爱和自己聊知心话了，人际关系自然得到改善。因为这样的称呼，意味着愿意同其深交，愿意把其当作亲近的人看待。因此，也使自己成为很有人缘的人。

十是出点乱子。"完人"虽好，但也有缺陷，人们往往对其敬而远之。偶尔出点无关紧要的小乱子、小疏忽，则会让人们觉得亲切。这是因为在别人眼中，"他是与我们一样有着许多缺点的人"，从而把你归为同类。可以说，有时候，"圣人"不及凡夫俗子。适当地出点小差错，能缩短人与人的心理距离，增强亲近感。

14　与狼同命的女子

张怡是个离异女子。刚满 30 岁的她晚上没事，便在网上一边阅读文章，一边与人聊天。

在网上，张怡看到一篇关于因纽特人猎狼的文章。上面说，在严冬季节，因纽特人会在锋利的刀刃上涂上一层新鲜的动物血。等血冻住后，他们再涂第二层；再让血冻住，然后再涂……如此反复，刀刃就裹上了厚厚的冻血。然后，因纽特人把裹着冻血的尖刀反插在地上。当狼顺着血腥味找到尖刀时，它会兴奋地舔食刀上的冻血。融化的血液散发出强烈的气味，在这气味的刺激下，狼越舔越快，越舔越用力。这时狼已经嗜血如狂，它猛舔刀锋，根本感觉不到舌头被刀锋划开的疼痛。在北极寒冷的夜晚，狼完全不知道它正在舔食的其实是自己的鲜血。最后，狼会舌烂血干，倒在雪地上。

狼是在一种诱惑下，掉进了一个圈套，不知不觉地自寻死路。张怡看完后，不禁脊背发凉。

这时候，一名陌生男子出现在她的QQ上，向她发出友好的问话。令张怡万万没想到的是，对于这个男子而言，她就是那被因纽特人猎杀的狼。

这个男人自我介绍说他叫翟扬。一番简短的相互问候后，翟扬说自己被一个女人欺骗过，在爱情上受过伤，自己现在带着几岁的男孩生活，还要做生意，一个人顾不过来。翟扬还说，他的生意很大，不缺钱。翟扬的花言巧语让张怡彻底放松了对陌生人的警惕。第二天，两人就约好在酒吧里见面。

第一次见翟扬，张怡就动心了。因为他不仅外表英俊潇洒，还巧言善语，很讨人喜欢。

在第二次的QQ聊天中，翟扬说他很喜欢张怡，希望找一个像张怡这样的女人过完后半生。翟扬还说要在最好的地段建一幢漂亮的别墅，让张怡做别墅里的女主人。凭借丰富的社会经验，翟扬很快赢得了张怡的芳心。

随后，他们开始了第二次见面、第三次见面……公园里、大街上、饭店里经常能见到他俩的身影。翟扬说，只要张怡能体贴、照顾他，他们能幸福地生活就足够了。这些话让张怡感动不已。凭借如簧之舌，翟扬哄得张怡春心荡漾、意乱情迷。张怡彻底让翟扬给俘获了，张怡答应做翟扬的妻子。

一个月后，翟扬说他的生意款没有结，急需用钱，让张怡借钱给他。张怡丝毫没有犹豫，直接将一张存有两万元的银行卡送给翟扬，让他自己到银行去取钱。之后，翟扬又称做生意资金不够，需要大额资金，张怡便立即取出自己的全部积蓄五万元，存到翟扬的银行账户里。这期间，翟扬大大方方地送给张怡一条钻石项链和一枚金戒指。翟扬说这都是小意思，以后会把大量存款、股票交给张怡去管理。后来，翟扬还是以自己的货款没有结为由，两次向张怡借钱，张怡都是爽快地答应。女人是水做的，内心善良软弱。张怡为了爱，为了他，可以付出一切。已经没钱的张怡，便向朋友借了五万元，用房屋做抵押向银行贷款10万元，全部给了翟扬。

得到22万元的巨款后，翟扬便在一夜之间蒸发了。

张怡在QQ上留言，他没回音，打他的手机是关机状态，到他的临时住处发现已经人去楼空，查银行账号得知他是用假身份证办理的业务。情财皆落空的张怡这才如梦初醒，急忙向警方报了案。

一天过去了，两天过去了，一个月过去了，警方还是没有破案。这个化名翟扬的人消失得无影无踪。张怡无力偿还外债，无颜面对亲朋，痛苦不堪。

英俊的外表和甜言蜜语，是翟扬向张怡布下的"温柔之网"，这如同在"北极寒冷的夜晚"；"有钱""做大生意""建别墅"则是"因纽特人在锋利的刀刃上涂满的鲜血";而钻石项链、金戒指则如同"狼自己的鲜血"。张怡被骗而毫无所觉,好比"狼根本感觉不到舌头被刀锋划开的疼痛"。女人,不是没有大脑,只是沉醉在了男人的花言巧语之中。

15　你可以认识世界上任何人

最新科学研究表明，世界上任意两人之间最多通过6个人就可以将他们联系起来，这就是所谓的"六度分离"理论。既然"六度分离"理论存在，那么怎么样才能快速同世界上任何人打交道？猛然回答这个问题有点难度，我们不妨从一位成功者的事迹上来分析。

乔·甘道夫博士是全美十大杰出业务员之一。他是历史上第一位一年内保险销售业绩超过10亿美元的寿险推销大师。甘道夫一年的销售额，比大多数保险公司的全年销售额还高。

甘道夫每天5点钟起床，随之开始一天的工作，直到深夜10点才休息。如果当天工作进展不顺，他就省掉一顿饭。他如此勤奋，当然业绩不凡。甘道夫在谈到自己为什么会取得如此高的成就时，说："除了比别人努力多一倍，艰苦多一倍外，我成功的秘密相当简单，那就是要结交处在各地的更多的人。如何结交陌生人，我有个简单但奇妙的法宝。"

甘道夫说,他在年轻时,拜访过一位很有名气的书商,书商曾经获得"全美最佳书商"的称号。甘道夫问这位书商:"你是如何成为第一名的?"

书商说:"因为我懂得运用一件让我成功的法宝。"

"这件法宝可以告诉我吗?"甘道夫问。

"可以,这件法宝就是:向客户说'我需要您的帮助'。当你诚心诚意地向别人求助时,没有人会说不。"书商对甘道夫说道。

"你要求什么帮助?"甘道夫接着问。

"我请求他告诉我他的三个朋友的名字。"书商告诉甘道夫。

"为什么只要求告诉三个朋友的名字?而不是更多?"甘道夫问。

书商告诉甘道夫:"人们对于这个数字有着奇特的心理感应。少了,人们会感觉略有不足;多了,人们会难以接受。唯有'三',人们才会觉得最为恰当。"书商还告诉甘道夫,正是他的这句话,让他结识了许许多多的人。从这些人中,他发展了许许多多的客户。

甘道夫牢牢记住了这件法宝,并在以后的推销工作中完全予以采用。

当取得客户的三个朋友的名字后,甘道夫会向客户进一步了解他的朋友的年龄和经济状况。甘道夫还会对客户说："你在这些日子会与他们见面吗？如果见面，你愿不愿意向他们提起我的名字？如果我直接同你的朋友见面，你会不会介意我提到你的名字呢？我会用我与你接触的方式，与他们接触。"面对真诚的甘道夫，客户一般会爽快答应他的请求。如此一来，甘道夫认识了越来越多的陌生人，并同他们一见如故。这件法宝，让甘道夫的推销工作顺畅了不知多少倍。

人人都需要认同，每个人都有自我表现的欲望。当你用低姿态诚恳地求助时，对方一定会做出积极的响应。怎样才能快速认识世界上任何人，并同他们融洽地打交道？我们不妨试一试这件平凡却不简单的法宝。即使它不能让你成为业界第一，也会让你受益匪浅。

16 情绪宣泄的艺术

打开世界地图,我们会看到巴勒斯坦有两个湖:一个名为加利利海。从山脉上流下来的约旦河带着飞溅的浪花,成就了这个湖。这个湖周围有人群,有住房,鸟类在茂密的枝叶间筑巢繁衍。另一个湖是无名湖,同样的约旦河水向南流入其中。这里水面空气凝重,没有树,没有鸟的歌唱,也没有鱼的欢跃。除非事情紧急,旅行者总是选择别的路径而避开此湖。

这两个湖彼此相邻,何以又如此不同?不是因为约旦河,它将同样的淡水注入;不是因为土壤,地理气候条件是一样的。区别在于:加利利海是流动的,它在接受新的约旦河水的同时,也把原有的水放出。那个无名湖则是死湖,只进不出,约旦河水不停地注入,水分蒸发了,但杂质却滞留下来,日久天长,便成此局面。

对这一自然现象,我们可用来比喻各种社气现象。最为恰当的是,用水的进出与湖的活力的关系来比喻人的情绪宣泄与人的身体健康之间的关系。每个人，尤其是弱者，在复杂的社会中，难免受刺激；受刺激了，难免会有焦虑、烦躁等不良情绪；有了不良情绪，就存在一个是否可以合理发泄、疏导、调适的问题。只有"有进有出"，身体才会像加利利海那样活力四射；如果"有进无出"，身体必会像无名湖那样走向沉寂。

不发泄不好，但胡乱发泄更不好。李四在单位气不顺，回家拿老婆孩子出气；王五恋爱受挫，在工作中蛮不讲理。这些泄愤方法不但于事无补，而且会影响感情，妨碍工作，是不可取的。

情绪应该宣泄，但宣泄必须合理。怎样宣泄才好？这里就有个情绪宣泄的艺术。

一是打开闸门，适时情感泄洪。在亲人面前痛哭，是一次纯真的感情爆发，如同夏天的暴风雨，越是倾盆而下，天就晴得越快，许多人在痛哭一场后，痛苦和悲伤的心情就减去许多。在盛怒时进行剧烈运动，也有助于释放激动情绪带来的负面能量。读书、散步、娱乐、旅游等，都能转移情绪。向师长、同事、同学、亲人诉说心中的烦恼和忧虑，也是情感泄洪的方法。等说完了，压力也会烟消云散。就像俗语所说的：分享，使你的痛苦减半，而使你的欢乐加倍。如果你喜欢上网，还可以网聊。在网上，你可以无所顾忌地倾诉。你还可以学习林肯，把不满情绪尽情地写出来，想怎么写就怎么写，怎么解气就怎么骂。等写完后，一把火把信烧掉，你会发现你的怒气也化作云烟了。

二是巧妙化解，学学阿Q精神。如果你在开车时，碰到别人从你身边飞驰而过，让你大吃一惊。这时候，怎样化解不良情绪呢？我们不妨以风趣、温和的态度解释当时的情形："这家伙，一定是老婆赶着去生孩子。"然后，一笑置之。这是"文饰"，又叫"合理化"，是一种援引合理的理由和事实来解释所遭受的挫折，以减轻或消除心理困扰的方式。它具有"酸葡萄效应""甜柠檬效应"，是一种"阿Q精神"。文饰方式虽然是人们面临不良情绪时自觉或不自觉地采用的一种心理防御机制，但它除了暂时缓解内心冲突、保持心理平衡之外，还会降低积极适应环境的能力。因此，文饰不可长期、过度使用。

三是予以升华，做个生活强者。篮坛巨星乔丹是这样表白心迹的："如果有人取笑我，或者怀疑我……那将成为我超水平发挥的动力。"变世俗压力为前进动力，这是情绪的升华。升华是情绪宣泄的最高境界，可以将情绪激起的能量引导到对人、对己、对社会都有利的方向上去。当人遇到愤愤不平之事时，一味生气、憋气，或颓唐、绝望，都是有害无利的。做出违反法律的报复行为更不可取，因为这是用别人的错误来惩罚自己。正确的态度是有志气，争口气，将挫折变为积极行动力，做生活中的强者。所谓"化悲痛为力量"就是这个意思。

17　想进鱼缸还是想入湖泊

李毅高中毕业后就到了村办养鱼场干活。这项工作来之不易，是李毅的父亲三番五次找村委会主任恳求，村里才答应的。

李毅虽然没有考入大学，但依旧注重学习。到了养鱼场后，李毅便买了一些养鱼书籍利用业余时间学习。某一天，他看到一条关于锦鲤的知识，对他触动极大。书中说，锦鲤俗称日本鲤鱼，是很多人喜欢的一种观赏鱼。日本鲤鱼的神奇之处在于，如果你在小鱼缸里饲养它，它只会长到六厘米到十厘米长；如果你把它放入大鱼缸中，它能长到二十厘米到三十厘米长；如果投进大一些的池塘，它能长到五十厘米长；如果把它放进湖泊之中，让它不受限制地充分成长，有朝一日它可能会长达一米。日本鲤鱼能长到多大，与鱼缸或者池塘的大小有直接关系。

同是一种鱼，因为所处的生存环境不同，体长可能会相差十倍，体重可能会相差二百倍！锦鲤的这项特点，让李毅几夜难眠。

他问父亲、母亲，为什么家里会这么穷。父亲说："我们家种了十亩地，全年的收入，连你以前的学杂费都不够。"母亲把问题看深了一步，说："你父亲从来没有产生过致富的念头，当年村里让他承包养鱼场，他都不敢。"聪明的李毅明白了，家里穷的原因，是父亲把勤劳致富的圈子局限在小小的"鱼缸"里。

李毅不想让自己也成长于"鱼缸"中，他冲破父亲的阻力，辞去养鱼场的工作，到青岛去打工。

在好心人的介绍下，李毅到了一个花鸟市场，帮人销售观赏鱼。每天都会有许多人来买鱼。为了便于交易，也为了节省交易时间，卖家通常先将鱼装在塑料袋里，客人看好了交钱拿袋子就走人，这是多年来形成的传统，可李毅却从中看到了一个可以赚钱的好机会。李毅想，为什么不能制作一些简单、实惠的鱼缸来替代塑料袋呢？

李毅脑子一转，决定不再帮人售鱼，改做简易鱼缸。观赏鱼市场红火，不用说，配套产业空间巨大。李毅尝试着做粘玻璃、卖鱼缸的生意。几块玻璃片一粘，就可以做成一个简单大方的鱼缸，贴上几个字，就有了艺术品位。成本只有几元钱，但可以卖到二三十元钱。由于成本低、见效快，很快他就赚到了当老板的第一桶金。两三个月下来，李毅净赚三万元。他把这些钱装在皮包里,交给了父母。一辈子也没见过这么多钱的老两口不但没激动,反而吓得一再告诫李毅宁可穷得娶不上媳妇,也不能去偷去抢。

对于每月上万元的收入,穷苦出身的李毅并不满足。他有空时,就征求消费者的意见。他了解到,买上一缸观赏鱼,看着鱼儿在水中悠闲地游动,对于生活在快节奏中的都市人来讲,无疑是件赏心悦目的事情。同时,他也了解到,伺候如此娇气的"精灵",一般消费者均感到劳神费力。李毅想,有没有一种既可以享受生活乐趣,同时又不必如此麻烦的办法呢?经过一番考察和摸索,李毅决定制作"迷你鱼缸"。这是一种新式工艺品,在造型精美的玻璃瓶中,几只活泼可爱的小鱼自由自在地游来游去,十分惹人喜爱。这种"迷你鱼缸"的奇妙之处在于,在无须喂食和换水的状态下,鱼仍可以生活几个月。这种"迷你鱼缸"制作非常简单,就是在瓶内灌入一定比例的固体氧砂,另外加上几滴营养液即可。很快,李毅大批量生产的"迷你鱼缸"投入市场。此时正值春节前夕,是鱼缸销售的旺季,加上近几年买新房的人多,李毅迎来一个销售鱼缸的高峰。短短一个月,李毅和几个帮手就净赚十万元。

李毅发财了,但他没忘家乡兄弟。当别人把目光依旧盯在观赏鱼养殖和销售的时候,李毅又敏锐地捕捉到观赏鱼背后的另一个商机。他鼓励家乡兄弟利用大棚种起了鱼缸里必备的水草。李毅凭借在花鸟市场的销售网络，再加上他的潜心经营，仅水草种植和销售，每月的纯利润都达十几万元。

  李毅天天和鱼缸打交道，但他没把自己放到"鱼缸"里生存，而是进入了"湖泊"。再过几年、几十年，我们无法想象李毅在"湖泊"里会有多大的成长，会翻出多大的"浪花"。

18　说话的三级境界

很多青少年喜爱看武侠小说，同时，也在注意用心学习说话。其实，交际中的说话之道也像武侠小说中描述的不同层次的武功招数那样，具有不同的境界。

第一级境界是一般招数。

一般招数为人们所熟知，也就是运用一些最简单的技巧来进行表达，常见的招数有赞美、幽默、关爱等。天天说话，并不是每个人都能把话说好。如果能把话说得过去，达到目标，并且有一个和谐的生活环境，就是掌握了说话的一般招数。

先说说"赞美"。如果药丸外面裹上糖衣，就比较容易让人入口。同样，在拒绝他人时，先对对方的要求予以赞美和肯定，然后再说"不"，对方要好接受得多。中学生曹华爱好打乒乓球，经常约他的同学李云一起到体育中心玩儿。李云不想浪费宝贵的学习时间，便对曹华说："我真的很佩服你，接触乒乓球不久，就有了一个大的飞跃，但我现在不能和你一起去……"就这样,李云既拒绝了曹华,同时又没伤害友谊。李云对曹华表示衷心地赞美,相当于给拒绝裹上了糖衣。如此一来,既维护了曹华的自尊心,同时也将"不"字友好地说出了口。

再说说"幽默"。我们要过河,就要解决好船或桥的问题。幽默叙述,作为婉言的一种,可看作解决人际关系问题的"船"或"桥"。它可以使人们在笑声中渡过波涛汹涌的"江河"。东汉著名人士孔融年少时,跟随父亲来到京城洛阳。当时有位高官,名叫李膺,名气很大。去拜访他的只能是达官贵族、文学之士或亲朋至友,像孔融和他父亲这类人是见不到李膺的。小孔融很有办法,他来到李府,对门吏说:"我是李府君亲戚。"门吏为他通报后,孔融入内就座,李膺问道:"你同我有什么亲戚关系?"孔融说:"我的祖先孔子同您的祖先李聃(即老子)有师生之谊,因此我与您是多代世交了。"如此机智幽默的话语一出,李膺乐了。中国人历来讲究出身,孔融让李膺攀上了老子这个先祖,对李膺来说,那是莫大的荣幸,李膺自然把孔融当成座上宾,大家都赞扬孔融非常聪明。

然后说说"关爱"。古人云:"如保赤子,心诚求之,虽不中,不远矣。"意思是说如果像母亲爱护孩子一样,内心真诚地去追求,即使达不到目标,也不会相差太远。某中学学生会主席葛冠在同学中很有威信，原因就在于他说话充满了"兄弟姐妹"情谊，诚心待人、推心置腹、寓理于情、以情感人，从而在无形之中树立了自己的威信。

第二级境界是上乘功夫。

如果说"一般招数"是看透一步棋，那么"上乘功夫"就是看透了两步棋。"上乘功夫"不易被人们立刻看透它的巧妙，需要回味一下才能体会出其中的真谛。具有"上乘功夫"的人可以说是很会说话的人，当然并不是指说得多，也并不是指露骨的坦率，而是指把话说得精干利索，令人回味无穷。这是艺术，这种艺术可以化腐朽为神奇。"上乘功夫"在言谈技巧中占据主要位置，常见的有以下几种：换种说法、避实就虚、缩短距离、寻找共鸣、贴上标签，等等。

先说说"换种说法"。过去，有个人碌碌无为，但他的父亲和儿子都很有成就。他对父亲说："我的儿子比你的儿子强。"又对儿子说："我的父亲比你的父亲强。"按理说，这个人说的全是事实，但细细想想，他所谓的"事实"，全是对自己没有出息这一事实的掩饰。这是"换种说法"，是"上乘功夫"的一个典型例子。"换种说法"不是虚伪，而是一种社交艺术。

再说说"避实就虚"。有人问一个高中生："你读过《钢铁是怎样炼成的》吗？"这个高中生回答很模糊，说："最近没读。"实际上他从来没有读过这本名著，但人们还以为他很早就拜读了呢。又有一次，有人问他："你读过《羊脂球》吗？"他说："我没读过英文版的。"当然，中文版的他也没读过，但别人听了却大生敬意，以为他读过这部作品，并且精通英文呢。我们现在来分析一下这个高中生的回答。对以上两个问题实事求是的回答应该是："很抱歉，我从没读过。"但高中生"断章取义"，一说自己"最近没读"，当然以前也没读；二说"没读过英文版的"，当然所有版本都没读过。这种"断章取义"容易让人产生美妙的误解。这种技巧如果没有恶意，则是一种言谈艺术。

然后说说"缩短距离"。美国有个州，居民们有一个生活习惯，就是在喝可可时放上鸡蛋。据说有两个毗邻的茶室，老板说话方式不同，而使得一个生意日渐兴旺，一个生意每况愈下。生意逐渐兴旺的那家，每当顾客到来时，总是问在饮料里放一个鸡蛋还是放两个鸡蛋，从而生意越来越红火；而生意萧条的那一家问的则是要不要放鸡蛋，许多顾客都回答不要鸡蛋。这两家老板说话方式的不同，导致了两种截然不同的经营状况。他们的成败，仅仅源于几个简单的字。生意兴隆的那家，老板的话语使顾客可选范围变窄，从而缩短了与说话目标之间的距离。

接着说说"寻找共鸣"。在人际交谈中若能插入一些引起对方共鸣的话，就能一下子拉近人们的心。譬如一个人说："今天是6月7日，一个令人难忘的日子。"相信参加过高考的人，一定会与你产生心灵上的共鸣，对你的好感也油然而生。与人交往，共同的经历、共同的爱好、共同的体验、共同的观点，甚至共同的敌人，都可以成为你们交谈的内容。这些话语一出口，便可以产生强大的亲和力。话语中的共同点越多，越能与之成为一体。

最后说说"贴上标签"。如果有人对你提出非分要求，遇到困难畏首畏尾，或者办起事来犹豫不决，那么你不妨适时地对他说："想不到你真会开玩笑。""这样前怕狼后怕虎的你可不是以前的你呀。""你是个很有决断力的人。"由于给他贴上了一个有着良好形象的"标签"，所以他就会为此而努力奋斗，从而改变目前的状态。英国著名政治家丘吉尔说："要让一个人有某种优点，你就要说得好像他已经具备了这种优点。"这句名言讲的就是"贴上标签"的方法。食堂里，一个学生占了两个位置，别的同学来了，对他冷眼相看。同学王璀说："他一定是在思考问题，没注意到自己占了两个座位。"如此婉转、质朴、体贴的话语说出后，那个同学连忙起身，红着脸说："你们坐吧。"看来，王璀很懂得心理学，她用"贴上标签"的方法让同学变得礼貌文明起来。

第三级境界是超级绝技。

"无招胜有招",是电视剧《笑傲江湖》中的一句歌词。它是侠客们追求的武术巅峰,其实细细品味,不能不说它也是说话的一种境界。这种境界,就是超级绝技。具有这种绝技的人,不止看透了一两步棋,而且还看透了三四步棋。超级绝技是在不知不觉中传递情感的,无"招"胜有"招"。作家巴金曾说:"艺术的最高境界是无技巧。"言谈的超级绝技正如和风细雨能于无声处见真情,于无心处见真心,将话语真正谈到人们心里去。常见的超级绝技有:借此言彼、故装糊涂、转移目标,等等。

先说说"借此言彼"。恰当的批评,就像园丁修剪花草一样,对别人是有帮助的。但如果不注意方式,伤了被批评者的自尊心,不但达不到让其改正的目的,反而还有损两人间的友谊,以后纵使再说一大堆好话,也不能恢复两人间原有的信任。如果在不知不觉中将批评说出来,则会取得奇效,使鱼与熊掌兼而得之。中学生于颖英语成绩较差,一天,英语老师对她说:"你语文基础好,数学成绩佳,物理、化学一直名列前茅,将来肯定有出息。"于颖心里美滋滋的,但一想:"不对呀,英语老师怎么不说我的英语功课怎样呢?一定是担心批评我会伤了我的自尊心。"于是，于颖在心里暗暗下定决心，一定要把英语成绩提上去，不辜负老师的期望。这位英语老师的话语，从表面上看，全是赞美之词，但其中却隐含着批评之意，聪明的于颖领会出了老师的意思。

再说说"故装糊涂"。蒋文坐在公园旁，支着胳膊肘，足足等了同学王涵20分钟。本来是怀着激动的心情按时赴约，可现在他有些不耐烦了。正当蒋文下定决心离开时，王涵迈着大步走来。看到蒋文生气的模样，王涵随口解释道："真对不起，刚才李老师找我，所以来晚了。"天！李老师早在1个小时前就进了公园，蒋文看得清清楚楚。此时的蒋文真想说："撒谎，你害羞不害羞？"但聪明的蒋文很快冷静下来，他没有那样说，而是故装糊涂："噢，是吗？你真幸福，休息日老师还为你辅导，好好学习，将来肯定有出息，我不会为这点小事生气的。"此时的王涵脸上微微发红，他强烈地感受到了同学对他的信任，亲眼看见了同学的优雅从容表现，他感到很内疚。他暗下决心以后再也不说谎了。

最后说说"转移目标"。一群同学在吃饭时激烈地争论某个问题。严容想阻止这样无聊的争论，于是先往嘴里放一块肉，若有所思地嚼着，突然他呼吸急促，两手在喉咙处乱抓，然后跳起来，趴在椅背上，试图采用挤压法压出食物。做完了这些，严容直起身来，对惊恐的同学们说："我没事了。"这个办法，让同学们把刚才的争论忘得一干二净。这种转移目标的办法效果奇佳，堪称说话艺术之绝技，如同武侠小说中的那种"看家本领"。

一般招数，上乘功夫，超级绝技，三类言谈技巧层层递进。掌握了这些，人们便会在人际交往中游刃有余，获得一个融洽和谐的人际环境。

19 大闸蟹引出的万有问题

大闸蟹原是中国特有。一百多年前，也就是清朝五口通商时期，大闸蟹被人为"偷渡"。那个时候，黄浦江一带经常停泊来自欧洲的商船。为增加商船的稳定性，蓄水舱中必须要灌满压舱水，这些压舱水一般直接抽自黄浦江水。大闸蟹卵和蟹苗就随着压舱水到了欧洲，商船到达欧洲后便排出压舱水。由于那里的水系在温度、盐度方面与中国黄浦江水系很接近，大闸蟹也就在欧洲繁衍生息形成了种群。于是，地球上的大闸蟹有了两大支系：一支在老家中国，一支在欧洲。虽然大闸蟹天性基本相同，但它们在两地享受的"动物待遇"、所处的"人文环境"迥然不同。

先说说在中国的情况。早在两千多年前，大闸蟹就上了中国人的餐桌。宋朝徐似道诗云："不到庐山辜负目，不食螃蟹辜负腹。"当今社会，对大闸蟹的需求更是有过之而无不及。凡是我国较高档次的饭店几乎都有大闸蟹这道菜，有的还加以醒目推介。由于大闸蟹供不应求，我国有条件的地区便大力发展养殖业，长江里的蟹苗曾一度被捕捞一空。

再说说在欧洲的情况。通过"移民"到达欧洲的大闸蟹生性凶猛，和它共处一河的各种鱼虾大都成为它的美餐。除此以外，大闸蟹还喜欢用锋利的蟹钳把河道里的水草割断，水草数量的减少会降低河流自净能力，大量断掉的水草一旦腐烂，又会加剧河流污染。因此，世界自然保护联盟把大闸蟹列入100种最有破坏力的入侵物种，欧洲生物工作者欲除之而后快。

为什么同在一个星球上，一支是宝，另一支是害呢？原来，中国人视蟹为佳肴，而欧洲人不喜欢吃蟹，特别是长相怪异的大闸蟹。没有吃蟹的需求，自然没人捕蟹，大闸蟹也就繁殖得越来越多，从而在欧洲造成"生物入侵"的恶果。

量少便为宝，量多便为害。一不小心，大闸蟹引出一个典型的"万有问题"。就像任何物体都有引力一样，任何事物都存在一个"度"的问题，如言多必失、水多必涝。把"度"的问题，称为"万有问题"，一点不过分。

"度"者，分寸、火候、艺术、技巧等。关于"度"的基本问题，无疑也就这么两个。

一是要寻求适度。传说中有一群探险者来到智慧之宫，在紧锁的大门前，守卫拿出一串钥匙，让探险者挑选。珠宝商挑了一把最贵重的，艺术家选了一把最漂亮的，工程师拿了一把最精密的，结果都未开启门锁。只有修锁匠看中了一把最不起眼的，但也是最合适的钥匙，用它打开了大门，进入了智慧之宫。正所谓适度为美。如果人人做到凡事适度，那么天下就一片太平，家家就其乐融融，人人就幸福美满。可事之不如意十有八九，这十有八九就是自己或者他人不适度造成的。

　　二是要避免过度。物极必反，是事物发展的必然规律。从量变到质变，是基本的哲学命题。如果没有把握好"度"这个理念，就会成为"脱缰的野马"，虽然幸运地冲进一片绿洲，但由于没有及时驻足，继而不幸地跑进一片沙漠。"度"字失控，便会伤痕累累。大闸蟹威风凛凛，吓怕欧洲生物工作者，就因为其数量过了"度"。当然，大闸蟹是没有灵性的，不能自我控制，但身为万物主宰的人是有灵性的，要想把握好自己的命运，就一定要遇事控制好"度"。

20　长角与长舌

世界上有很多头上长角的动物，如牛、羊、鹿、犀牛、角马等。仔细思考，就会发现，但凡头上长角的动物，都是食草性的，性情比较温和，没有尖牙利齿，从不主动发起攻击，它们头上的角仅仅是防御性的武器。稍加注意又会发现，那些凶猛的食肉动物，如狮子、虎、豹、狼等，头上并没有长角，但它们却会吃掉很多头上长角的动物。对于食肉动物来说，头上长奇形怪状的角并不是什么好事，既给动物穿越丛林带来障碍，又使自己格外醒目容易被对手发现。

话说有位女士，嘴巴始终闲不住。她一碰到不愉快的事，就忍不住骂上几句；遇到为难的事，也忍不住向他人诉说。她平时闲着没事时，老爱打听别人隐私，看见别人说话就上去插上几句。假若碰到几个爱听她说话的人，那简直是天雷勾动地火，叽叽喳喳说个没完。就这样，几十年过去了，她刚参加工作时在什么位置，现在还是在什么位置。因为她说的话虽多，但做的事少。她没有成绩和实力，所以事业上原地踏步。其实，她之所以话多、话尖，是因为她内心不充实、缺乏安全感。她觉得她不停地说，就能体现自己的价值。

还有位男士，虽然平日里不善言辞，但往往会做出一针见血的结论。因为他深藏不露，所以一说话就能引起大家的重视。俗语说，会咬人的狗不吠。他就是这种少语的实力型，话不多，但在不停地干。即使碰到鸡零狗碎的事，他也不去斤斤计较。他把精力都用到了多动脑、多做事上。二十年前，他开了一个小店；二十年后，这个小店发展成一个资产过亿的连锁公司。他和他的公司，在现今的鲁南很有名气。有人研究后，得出一个结论，那就是在一群人中最安静的人，往往是最有实力和潜力的人，这位男士就是。他并不是不说话，而是说有用的话，少说无用甚至有副作用的话。他偶尔说上那么几句，就很管用，也很到位，很受人欢迎。

这位话多、话尖的女士就像长角的动物，虽然平时有她的声音，但事业却不见起色。这位资产过亿的男士就像不长角的食肉动物，静若处子，动若脱兔。科学研究证明，食肉动物不光不长角，而且毛皮也比食草动物光滑、柔软、可爱，这好比他的话虽少但很中听。古希腊的亚里士多德在他的著作《动物志》里提到一种现象，就是动物长出角来，就不能长出锋利的牙和锐利的爪。假若这是真理,那么我们就应该选择锋牙利爪,而不选择那增加头部重量的长长犄角。就是说,在这个纷繁复杂的社会上,我们要少说话,多做事。当然,我们不反对恋人间的窃窃私语、亲友间的促膝长谈、讲台上的高谈阔论,我们只是善意地提醒人们:言多必失,长舌有害。

21　驼羊的血性

狼，一种凶残的猛兽；羊，一种怯懦的弱者。羊见了狼，基本做法就是逃跑，但逃跑又能怎样呢？羊还是摆脱不了落入狼口的命运。这，似乎已经成了自然界的一条规律。

后来人们发现，生活在南美洲的一种驼羊，对狼的态度迥异于普通羊。

被誉为"安第斯山脉上走动的黄金"的驼羊除了羊毛昂贵（价格是普通羊毛的几十倍）外，还有着好斗、无所畏惧的性格。驼羊从不担心任何事，一副天不怕地不怕的样子。当看到有什么东西威胁到自己时，它们会抬起头，笔直地朝那个东西走过去。这种勇敢的举动大大出乎狼的意料。面对这样大无畏的对手，狼束手无策，只好灰溜溜地走开。除了勇气外，驼羊之间还忠诚团结，群内的一只羊受伤，其他驼羊会不离不弃。

优越的驼羊，很快被一些精明的牧羊人派到普通羊群中。狼是一个机会主义者，混杂在普通羊群之中的驼羊不再给它任何机会。每一只羊，都在驼羊的看护下，安然无恙。就是这么一只驼羊，远远胜过数条牧羊犬和各种各样的防狼设施。

当魔鬼袭来的时候，是落荒而逃还是勇敢迎敌？普通羊与驼羊的两种结局给人们带来很多启发。

报载，一个依靠轮椅行走的残疾人上路抢劫，居然也能连连成功。每次作案，这个残疾人也就是那么一声呐喊，可是健全的"普通羊"便已吓得四肢瘫软，乖乖把钱掏出来。这些年，犯罪分子之所以猖獗狂妄，就是因为为数不少的"普通羊"软弱可欺的缘故。其实，歹徒也像狼一样，虽已失去人性，但欺软怕硬，你越怕他，他越猖狂。在"驼羊"性格的人面前，歹徒就是"过街老鼠"，心惊胆战地快速逃窜。最近某城市就发生了一件出租车司机勇斗劫车歹徒的事情。面对拿着棍子和刀子的歹徒，出租车司机对着对讲机大喊："有人抢车！"瞬间，险情传遍各个对讲机终端。一呼百应，百余名出租车司机立即赶往出事地点，合力进行围追堵截，终于震慑了犯罪分子，伸张了正义，鼓舞了人心。

"普通羊"性格和"驼羊"性格，孰优孰劣，不言自明。

我们的社会，需要更多"驼羊"性格的人，面对歹徒，临危不惧，正直勇敢地与他们斗争；我们的社会，也需要更多"驼羊"性格的人，在其他人遭遇歹徒时，挺身而出，争相向前，携手并肩,齐心协力地去见义勇为。

"驼羊"性格,就是我们常说的"血性"。如果整个社会都能增强血性,那么社会的不义与正义必然是此消彼长。

毋庸置疑,某些人在精神深处,怯弱"失血",表现出"普通羊"性格。面对这些人,仁人志士除了要担当正义,还要去唤醒他们。

22 聚宝盆

王琳是位报社记者,一天与朋友吃饭,朋友说:"大青山下有个朝阳村,朝阳村有个聚宝盆。盆中常常堆满各种粮食、蔬菜以及钱财。"

王琳笑了笑说:"都什么年代了,你还相信这种传言。"

朋友红着脸说道:"这是真的,我亲眼看到过,这聚宝盆是花岗岩材质的。"

王琳说:"你看到的聚宝盆,肯定是行封建迷信之事所用的工具。"

朋友气愤地说:"我没有骗你,如果你认为这是迷信在作祟,那你就当我是在讲故事好了。不过,你身为记者,应该去揭露去鞭挞呀!"

说者无意,听者有心,王琳想了想,自言自语道:"是呀,我应该去采访一下。"

第二天,王琳就驾车来到了朝阳村。村头有一群百姓,正在闲聊。王琳过去问是否有聚宝盆，人们纷纷说有，一位热心的人还领着王琳前去观看。

这个所谓的聚宝盆被安置在一户农院里，院子的主人，人称老曹。王琳发现这个聚宝盆确实是花岗岩制成的，形如一个马槽。粗略一看，王琳感觉这个石盆年代久远，因为盆沿都被磨得光滑了。在石盆内，有几捆菜、一袋面。王琳将菜、面拿起，用心观察这个石盆。王琳看到，在石盆底有两行蝌蚪形的文字。王琳不认识，于是她想找个古文字专家鉴别一下，便用相机拍了下来。王琳心想：这个老曹一定是利用古物来散布谣言，骗取财物，说不定这个古物就是伪造的。王琳决定找老曹谈一谈，可是他家房门紧锁，老曹不知哪里去了。

这个时候，一位40多岁的中年男子走过来，将一包咸鱼放到了聚宝盆里。王琳抓住这个机会，走过去问道："老兄，您为什么往这盆里放东西呢？"

中年男子答道："为什么不能放呢？我家的小牛丢了，是老曹帮着找回来的。我今天去镇上赶集，给他捎一点咸鱼有何不可呢？"

王琳说道："这当然是可以的，有恩必报是中华传统美德呀。"

中年男子离开后，一位上了年纪的妇女走了过来。她没有往这盆里放东西,而是从盆中取出一捆菜,撕下一片片菜叶,放到兔栏里。王琳心里嘀咕道:"这或许是老曹的母亲吧。"王琳便走过去询问。

上了年纪的妇女说道:"我可不是老曹的母亲,我是他的邻居。论起辈分来,他叫我二婶呢。我到他家,只是顺手帮他喂喂他家饲养的兔子。"

王琳说:"这老曹应该好好感谢您。"

妇女答道:"应该感谢的是老曹呀!几十年来,我家的重活,都是老曹帮着干的。这点轻活怎么能和那些重活相比呢?"

王琳听后,不禁心里叹道:"这老曹人缘不错呀,他不像是个借助封建迷信来谋取私利的人。"

等了很久,老曹都没回来。就在王琳发动汽车想要离开时,一位青年推着一车新鲜花生来到了老曹家。那个石盆是放不下这些花生的,青年就将车连带花生放置在了石盆的旁边。

"这难道是老曹的儿子?"王琳自问道。

没等王琳开口,青年说道:"您是找曹叔的?他到镇上去了,不知道什么时候才回来。他推着花生往家走,半路上看到别人家到镇上去买木材,需要帮手,于是曹叔便将装花生的车子放下,跟着他们去了。我看到后,便将他的车子推回他家来。"

"原来你不是他的家人,"王琳说道,"这老曹可真是个热心人呀！"

"可不是嘛！"青年答道，"全村的人，数他最友善。我们做人要传递友善，做人要知恩图报，不能忘了关心这处处帮助他人的曹叔。"

王琳似乎明白了这石盆为何能聚宝。她不等老曹回家了，急急开车到市博物馆去找古文字专家，想看看石盆底的蝌蚪形文字是什么意思。

市博物馆的古文字专家看了看王琳拍的照片，对王琳说道："这是一段石刻铭文，上面说的是：此盆本是石做，友善方能聚宝。"

王琳彻底明白了。她拿起手机，给那位提供聚宝盆信息的朋友打电话说："我知道这聚宝盆是什么材质的了，表面看是花岗岩制造的，实际上它是用友善做成的！"

23　最具开发潜力的人性资源

某座矿山,所含矿藏资源品种繁多,有金、银、铜、铁、铅、锌、铀、石棉、云母、水晶、硅石、煤炭、石膏等十多种。种类虽多,但并不是样样都具有开采价值。勘探人员论证后,认为这座矿山金的含量最多,最具开采价值。于是,人们便将这座矿山以金矿命名。在心理学中,有"中心性品质"这一术语。中心性品质,就相当于这座矿山中的金,指那种与其他品质联系更为密切,包含更多个人内容的品质。例如,"礼貌—生硬"和"热情—冷酷"这两对品质比较,后者更具有中心性。

在众多的人性品质中,什么是最具中心性的? 1946年,美国心理学家阿琪做了一个著名的实验。他把被试者分成两组,让他们分别描述同一个人。在第一组中,阿琪列出这个人的五项品质,包括聪明、勤奋、热情、务实和谨慎。在第二组中,阿琪只将这个人品质中的热情换成冷酷,其他不变。结果出来了,仅仅一个"热情"与"冷酷"的区别,就引起了两组被试者对这个人完全不同的印象。第一组被试者见到此人时,愿意同其交往,谈得很投机,并且认为他同时具有幽默感等各种优秀品质。第二组被试者不愿与此人接近,敌视他,讨厌他,同时把自以为是、假正经、易怒等各种恶劣品质统统罗列在他的"冷酷"品质之下。这次实验证明,"热情"与"冷酷"是人类的中心性品质,决定了其他相关品质的有与无。

周红与齐曼是加拿大环球电讯公司的两个中国工程师。她们在同一年进入公司,都有着博士文凭,像大多数海外中国职员一样,她们都有着勤恳的敬业精神,都共同参与公司的同类项目,在业务上的表现也不相上下。1999年公司业务大增,周红被提拔为项目经理,而齐曼还在工程师的位置上,成为周红的下属。到了2001年,公司大批裁员,齐曼作为首批被裁人员,离开了工作整整4年的公司。是什么使她们二人的前途如此不同呢?加拿大环球电讯公司一位人事经理说:"齐曼冷淡而又不合群的个性,使我们感到少了她,我们并没有缺少什么。而周红是个乐观热情的人,她坚强、果断又聪明,她散发的热情能感染每一个人,她的活力能让人人都喜欢她。她是一个天生的社交家和领导者。"同在一片蓝天下,热情建成了绿荫,冷酷导致了沙漠。

热情,具有中心性品质的好的一面,处于中心位置,具有光环效应，所以称得上是最大的人性资源。热情，在工作和生活中有着强大的感染力和吸引力，一个人最让他人无法抗拒的魅力就是热情。抓住热情，就是牵住人际交往的牛鼻子。热情，好像是严冬里的一束阳光，让人们感到温暖；热情，好像是初春里的一棵早发嫩芽，让人们感受生机盎然。热情是宝，可以提升个人综合竞争力。如果说聪明、能干、勤奋等品质较难做到，那么热情这个品质则显得容易得多，它只需要你一个会心的微笑、一句主动的问候……如此说来，热情可以称得上是最具开发潜力的人性资源。之所以这样说，是因为热情投入少，收益大；投入快，收效也快。如果你留心观察身边的人，那些幸福的人都是充满热情且笑口常开的人。他们性格开朗，乐于助人，因而无论到哪里都受欢迎。他们性格阳光灿烂，人们愿意把友谊、合作奉送给能感染自己的人。相反，冷酷的人排斥了生活中的机遇，关闭了幸运的大门。

在认识到热情的重要性和易操作性后，我们每个人都要立即行动起来，让热情成为我们事业腾飞的翅膀和生活如意的法宝。

24　竞争与合作

细心的人会发现,那些长在林中的树木,总是高大挺拔、傲然直立、力争上游,而荒野中的零散树木,却是杂乱、矮小,难以成为栋梁之材。其中的道理很简单,荒野之树因为缺少了竞争,没有同类与其争夺阳光、抢占养分,从而也失去了对生命的热切追求。

同理,只有竞争,才能使一个人得到长足的进步。从某种意义上说,只要你生活在这个五彩缤纷的世界里,不论你愿意与否,你都会面临竞争。竞争是万物生长的客观规律,对人对物都不例外。惧怕竞争、躲避竞争是不可取的,那样的话,只能像荒野之树,难以成为栋梁之材。

细心的人还会发现,每每遇到罕见的狂风暴雨,路边的零散树木总是容易倒伏,横在路上,影响交通,而林中的树木却没有这样的"下场",它们互相支持,共同抵挡这强劲的风风雨雨,几乎不受任何损伤。为什么会出现截然相反的两种情形呢？因为零散树木缺少合作，仅凭自己的力量是抵抗不住强大的外力的。

同理，在社会分工日益细致的今天，人与人之间的合作是必不可少的。个人力量总是有限的，没有谁可以单枪匹马打天下。如果谁鄙视合作、消极合作，那么他只会因跟不上时代的步伐而被淘汰出局。

因此说，竞争与合作，共同构成了社会进步的车轮、大鹏高翔的羽翼，缺少两项或者其中一项都是万万不可的。现代社会需要竞争又鼓励合作，一个人只有既参与竞争，又积极合作，才能够擎起自己的一片蓝天。

当今社会上，不少集团内部涣散、人心不齐、整体合力不强；不少人不思进取，难以担当大任。当他们为这些而发愁的时候，是否想到了竞争与合作的力量，是否想到自己有没有偏废一方？如果存有这些问题，这些集团和个人，就不妨以"竞争"为中草药，以"合作"为水，精心熬制成一剂药汤，只要认真地服下去，定会对集团的发展和个人的成长有好处。

25　燕子的地位

一身乌黑光亮的羽毛，一对轻快俊俏的翅膀，一条形似剪刀的尾巴……这就是活泼机灵的小燕子。当其他鸟将巢穴筑在大树上或深山中免遭人类袭击时，燕子却栖居在人类的屋檐下。自古以来，人们乐于让燕子在自己的院落里筑巢，生儿育女，并将其视为吉祥、幸福的事。即使燕子巢穴下面的地面常常被鸟粪弄脏，人们也不在意。燕子凭借什么能与人类和谐相处，并且在人类生活中占有一席之地呢？

我们不妨从燕子所具有的特性说起。

一是可爱性。燕子轻盈灵巧，犹如美丽的精灵；燕子啁啾呢喃，就像情人间的窃窃私语；燕子衔泥垒巢，勤劳而充满母性的温柔……因为燕子可爱，所以我们在国画作品中，看到这样一幅画面：茅屋一幢，杨柳数棵，树底下是爷孙俩坐在椅上纳凉，树梢上则是几只形态不一的燕子，另外还有一群燕子在空中飞翔。

二是有益性。燕子是人类的益鸟，主要以蚊、蝇等昆虫为主食，几个月就能吃掉 25 万只昆虫。燕子还是义务气象员，人们常说，燕子低飞要下雨。"小燕子，穿花衣，年年春天来这里。"燕子回归，给人们送来春的资讯。表面上看，燕子去南方过冬是为了躲避寒冷，其实不然，因为北方的冬季没有可供燕子捕食的昆虫，所以燕子不得不每年都要来一次南北大迁徙。

三是恋旧性。"无可奈何花落去，似曾相识燕归来。"燕子有着惊人的记忆力，无论飞多远，哪怕隔着千山万水，它们也能够凭借自己特殊的才能返回故乡。恋旧，换种说法，就是对旧主人的忠诚。在这个世上，还没人不喜欢忠诚。

四是恬淡性。居住一段时间，当人们厌烦飞来飞去的燕子和叫得声嘶力竭的乳燕时，燕子便知趣地举家迁走。当人们的火气平息下来，久久不见燕子身影，想念它时，它们又在花开柳绿、清新爽朗的季节里突然来到。它们总是在夜深人静、明月当空的夜晚迁徙，而且飞得很快，只能看见它们的影子一闪而过。燕子的生存节律往往遵循着人类四季的变化。这种恬淡的特性引发了人们许多情愫。

因为具有以上四种特性，所以燕子意味着美好、温暖、和谐与自由。它是上苍给予人类的美丽馈赠，所以燕子长久地存在于人类的文化记忆中。它不仅是一种自然意象，同时也成为一种文化意象,承载着人们对世界、对生活的种种情感和理解。"旧时王谢堂前燕,飞入寻常百姓家。"在瑰丽的文学宝库中,有许多关于燕子的描写。燕子,已不仅仅是燕子,它已经成为中华民族的一个文化符号,融入了每一个炎黄子孙的血液中。

由燕子的秉性还可生发出人与人之间关系的思考。这个世界上,冷漠、隔阂、仇视常常存在于社会中。对人际关系不满、不如意的人不妨学学燕子与人类相处的模式。那是一种相生相长、相互依存的关系。燕子南来北往,阅尽天下沧桑、世态炎凉,栖居于人家屋檐下,却从不喧宾夺主,更不会向人类侵略与掠夺。它衔泥筑巢,捉虫而食,不向人类索取一丝一线、一米一谷,它奉送给人类的,一是精神,二是贡献。它渴望温暖,所以它选择了与人为邻,同时又懂得适可而止,在人们产生厌恶情绪之前自觉地停下脚步。燕子与人为友而不受制于人,受人恩惠而不吝付出。它与人类的关系,真可称得上是"君子之交",燕子的灵性和地位正在于此。燕子不仅是人类的朋友,还是人类的老师,它以一种自然的智慧丰富了我们人类的精神品格,例如有益于他人的品格、忠诚可爱的品格、守住自我的品格、勤劳朴实的品格、适可而止的品格。这些都能成为我们今天完善自我、融洽人际关系、建立和谐社会的精神资源。

26　处世方与圆

怎样处世才好,是"方"还是"圆"?有的人说是"方"——方正不阿、坚持原则,有的人说是"圆"——圆滑乖巧、八面玲珑。其实,偏重"方"和偏重"圆"都是不恰当的,"方"和"圆"乃是与人相交不可或缺、不可偏废的两大策略。

先说说"方"。

历史上,忠心耿耿的屈原、刚直无私的包拯、清正廉洁的海瑞、正气浩然的文天祥以及隐居深山、不食周粟的伯夷、叔齐等,都不失为"行方"的典型。如果一个人方正不阿、坚持原则恰到好处,就会受到人们的钦佩、信任,由此带来一些意想不到的好效果。

有位护士刚从学校毕业,在一家医院实习,其间若能让院方满意,便可获得一份正式工作,否则就得离开。一天,一位因车祸而生命垂危的病人需要手术,这位实习护士被安排做外科手术专家、院长亨利教授的助手。当手术将完，患者伤口即将被缝合时，这位护士突然严肃地对院长说："亨利教授，我们用了12块纱布，可是您只取出了11块。"院长不屑一顾地回答说："我已经全部取出了，不要多说，立即缝合。""不，"这位护士高声抗议道，"我们确实用了12块纱布。"院长对此不加理睬，命令道："听我的，准备缝合。"这位护士听到后，几乎大叫起来："你是医生，你不能这样做！"直到这时，院长冷漠的脸上才浮出一丝微笑。他举起手心里握着的第12块纱布，高声宣布道："她是我最合格的助手。"不用说，这位实习护士理所当然地获得了这份工作。如果在当时，这位实习护士不坚持真理，不严肃对待，而是去迎合、服从院长，其结局会怎样呢？毋庸置疑，她会失去这份实习工作。

　　人心不同，有的人听不进去不同意见，有的人却视诤友为知己。春秋时期，齐国大夫晏婴突然把在他手下干了三年、一贯谨慎的高缭辞退了。晏婴的左右随从觉得奇怪，便对他说："高缭从没做错过事，您不奖励他也就罢了，为什么还要将他辞退呢？"晏婴说："我是个不中用的人，正如弯曲的木头，需要用墨斗来取直、用斧子来砍平、用刨子来匡正，才能做成有用的器具。高缭三年来见我的过错从来不说，这对我有何用处？"晏婴是个有大智慧的人，他知道自己"行方"的重要性，也知道身边人"行方"对自己有多重要。显然，高缭的过错是没有"行方"。"方"对一个人来说，有它会受益匪浅，无它则会遭遇不测之祸。

再谈谈"圆"。

圆作为客观存在，自然有其合理性。譬如说，车轮是圆的，便于前进；星体是圆的，便于运动。一个恰到好处"行圆"的人，也就是讲究变通、灵活的人，其人际交往的回旋余地就大，其各方面成功的可能性就大，因为"行圆"能缓解人际摩擦，能协调人际关系，有利于建成和谐氛围，有益于构筑绿色空间。地铁上，一个小伙子躺在座位上。有一位母亲牵着儿子上车了，儿子摇着小伙子说："叔叔，我要坐，我要坐！"小伙子装睡不加理睬。母亲婉转地对儿子说："别吵叔叔，叔叔累了，他躺一会儿，会让给你坐的。"小伙子听罢，忙起身红着脸说："你们坐吧！"看来，这位母亲非常懂得交际之道。在这个事例上，"行圆"起着润滑剂和转化剂的作用。在当时，如果这位母亲指责小伙子的不是，其行为虽无可非议，但有可能造成两者间关系紧张。为人处世，如果内外都很方正，俨然一君子，其品德固然可赞，但会多遇坎坷，多遭风霜。

唐朝时期，位居高官的柳宗元，严正刚直、不畏权贵，抨击官场丑恶，锋芒毕露，以至于遭到种种打击，最后被逐出京城长安，流放到了边境。这时，他才有所觉悟："吾子之方其中也，其乏者，独外之圆耳。固若轮焉，非特于可进，锐而不滞，亦将于可退也，安而不挫。"柳宗元经历了严重挫折后，认识到：内心方正固然是好的，可正是因为缺少圆通，不能进退自如，才使自己陷入被动境地。"行圆"，有它则会一帆风顺，无它则是逆水行舟。

"方"与"圆"，是车之两轮、鸟之两翼、人之左右手，不可偏废，不可或缺。一个明智处世的人，会将"行方"和"行圆"当作与人相交的两大策略，应该"行方"时就"行方"，应该"行圆"时就"行圆"。

那么，什么情况下应该"行方"呢？

可以说，不管是初出茅庐之人，还是老于世故之人，总是喜欢那些坚持原则，为人正直，坦率，不谋私利，不徇私情，不畏歪风的"行方"之人，因为具有这种高贵品格的人，会使相交之人放心。如果该"行方"时不"行方"，不能坚持自我，像长在墙头上的草见风转向，像掉入河里的叶随波逐流，则会被世人鄙视，为人所不齿。

那么，什么情况下应该"行圆"呢？

在直来直去会伤害别人自尊心、有棱有角会使自己陷入难堪境地、方方正正不能达到满意效果的情况下，应该使用"行圆"的策略。譬如说，某人有缺点，你在公众场合指出，不但不会使他改正，反而会伤了和气。你应该暂时不讲，等到没有他人在场的情况下，再委婉地点明。概括地说，就是在人际环境无利时，用"方"策；在人际环境有利时，用"圆"策，灵活地运用"方"策、"圆"策，乃是与人相交之良策。

27 深爱的弊端

深爱也有弊端？

是的，就像"日中则昃，月盈则亏"一样。汤姆和妮可曾是一对恩爱的夫妻。当年，汤姆为了证明自己会永远深爱性感娇艳的妮可，曾经请人在自己的臀部文身，刺上"TAN"（即TOM AND NICOLE 的简写）三个英文字母，令妮可感动不已。此爱此情，可谓至深。可短短几年过去，两人的婚姻却走向破裂。现在的汤姆决定花钱磨皮，把这个爱的"印记"消除。这种特别的"疼痛"，着实让人们为之感叹。

深爱是有弊端的。

大郅是我的男同事，他对他的妻子青溪"管理极严"。这种"管理"绝对是出于一种对妻子的深爱。年轻漂亮的青溪是机关职员，下班后经常需要参与工作性质的应酬。每当青溪坐到酒席上时，就会接到大郅打给她的电话。电话内容也就是问问谁和她在一起，有没有女同伴；不到一个小时，大郅又会打

第二遍电话，催她快点"归巢"，生怕她在外面有些过分的举动。久而久之，青溪的同事都笑称她带的是一部"寻妻"手机，弄得她很尴尬。回到家，青溪就冲大郅发火："整天打电话，你烦不烦啊？"一听这话，大郅的委屈立刻如潮水般涌上来。可委屈归委屈，他对妻子的关心热度还是一点不减，我行我素。

以上是我的同事大郅对妻子深爱的一个表现片段。在我眼中，他们的关系应该是非常美满的。可有一天，大郅十分沮丧地对我说青溪提出要离婚。我十分惊愕。那晚，我们全家请他们俩来我家做客。我们四个人一直谈到深夜。从这次长谈，我明白了青溪提出离婚的原因竟是大郅的这份深爱。在这种压抑的氛围下，青溪从不自在发展到内心厌恶，久而久之，与大郅的感情便日渐疏远。于是心烦意乱的青溪提出与大郅分手。

对于这种变故，我们可以用多种实物来比喻。

一种是挤压弹簧片。轻微挤压，弹簧片或许能够容忍，但是扭曲极限一过，它就会断成两半。大郅由深爱带来的关注对青溪来说也有接受限度，超过限度就会引起变故。

一种是用手捧沙子。手握得越紧，沙子从指缝里漏得越多、越快。大郅这种深爱，使得青溪也像沙子那样想着逃脱。

一种是人在房屋中。如果有明亮的窗户，屋子里的人会看到光明与外在世界的美丽，会感受到幸福和活着的乐趣；如果在窗玻璃上抹一层黑漆，则会让屋子里的人感到不安，有种囚犯的感觉。大郅的密切"监视"，使青溪也有了囚犯的感觉，她怎么能不想着冲破它呢？

应该说，深爱不是错误的，但多数深爱有弊端。只有去掉了弊端，让婚姻与爱情维持在舒服的状态，才会被人们称赞。

在第二天，我便把我的这些理解单独讲给大郅听。大郅是个非常聪明的人，他比我理解得还透。他说："青溪有自己的天空，为什么不给她一定的自由呢？"

在我们全家的努力下，青溪将离婚之事暂时搁置。大郅从此也改变了很多，不再追根究底地查她的去向。慢慢地，青溪对大郅的态度也有了明显改善。他们现在生活得很幸福。

冷热水效应

28　如何得见人生彩虹

　　风雨之后，一道彩虹挂在天边，这是何等的美丽！其实只要空气中有水滴，人们顺着阳光以低角度往前看时，便有可能观察到彩虹现象。彩虹常常在下午，雨后刚转晴时出现。这时空气内尘埃少并且有小水滴，天空的一边有雨云而较暗，而另一边却阳光四射，这样便容易看到彩虹。要注意，我们面对着太阳是看不到彩虹的，只有背对着太阳、顺着阳光的方向才能看见彩虹，所以早晨的彩虹出现在西方，黄昏的彩虹出现在东方。
　　雨后有彩虹，人生也有彩虹，它们的规律竟然相同。
　　某省即将举办一次体育运动会，有名技术水平高超的乒乓球运动员，可能是因为过于自信，在比赛前夕，沉醉在一些娱乐活动中，不去好好备战。教练员知道后，大发脾气，骂他不识时务，不知好歹，对不起领导，对不起父母。可能是批评得有些严重，这名自尊心受伤的乒乓球运动员卷起铺盖就要不干了。运动员的这一鲁莽举动，一下子把教练员给弄愣了。优秀运动员临阵掉头，这事不得了！教练员让其同伴稳住这名运动员后，抓紧向领队汇报。

领队是个擅长做思想政治工作的人。他没有急着去找这名运动员，而是等他情绪稳定后，再去找他交流思想："你到网吧去玩玩游戏，没什么大不了的事。我在你这个年龄，也好玩。当年，我因瞒着教练去树上捉鸟，不但挨过批，还被教练狠狠地体罚过。"

年轻的运动员一声不吭。领队接着说："在这关键时刻，我们每个人是不是都应该注意调整休息、养精蓄锐呢？"

不用说，运动员愉快地接受了批评。

领队用洪亮的声音接着说道："你的教练批评你，虽然本意是好的，但有些话说过了头。他已经向我承认错误了。你有委屈的话，不妨说出来。"

这名运动员的脸立刻红了起来，低着头小声说："是我做得不好。"

领队说："我是这支参赛队伍的领队，有问题都是我的。你是一名靠刻苦训练、用心钻研成长起来的运动员，凭你的综合实力，在全国也是第一流的，将来肯定前途无量。"运动员听后，心里非常激动。

当领队离开后，这名乒乓球运动员主动找到教练赔礼道歉，

冷热水效应

说自己不该贪玩，也不该耍驴性子。这位教练员也向他说自己好多地方做得不好，今后一定做一名合格教练员。就这样，一场已经萌芽的不快化为乌有，这对教练员、运动员之间的隔阂也消失得无影无踪。

在随后的比赛中，这位教练员用心指导，这名乒乓球运动员用心比赛，发挥异常出色，一举夺魁。

如果说教练员和运动员在比赛中的表现是道美丽的彩虹，那么这与雨后彩虹的出现是有许多共同点的——都曾经历一场风雨；雨后彩虹观看者是顺着阳光的方向观察，此事中的领队是顺着运动员的性子说话；雨后彩虹观察者是以低角度观看，事件中的领队是等到运动员情绪稳定后再去做情感沟通。在这些共同点中，"风雨"是前提，"顺"是关键，"角度"必不可少。这三者具备，一道"七色彩虹"就出现了！

29　是我不好

一位老人对一个青年人说："在我的面前有两块石头，你愿意拿其中的哪一块呢？"这两块石头，有一块圆圆的，周身闪耀着黄蓝相间的光泽，煞是诱人，而另一块石头却粗糙不平，灰褐发暗，不太引人注目。不用说，这个青年人拿起了那块闪闪发亮的石头。看到这，老人严肃地对他说："这块石头，呈现蓝色光泽是因为它含硫的成分，闪烁黄色光泽是因为它含磷的成分。这块石头虽光彩斑斓，但它含有有害物质，人体接触它是有害的。"听到这，青年人赶紧放下了手中的石头。稍一停顿，老人指着剩下的一块说："这个石头颜色发暗，一般人不喜欢，但它是块含金量很高的矿石，贵重的黄金就是从这种矿石中提炼出来的。"青年人听后惊讶不已，他对自己"有眼不识金镶玉"的行为感到十分羞愧。

这虽是寓言，但反映了现实。人际交往中，"是你不好""是我不好"这两句经常耳闻的话语，就是老人面前的两块石头。"是你不好",直接贬低对方,间接抬高自我,好像给自己脸上贴金,但是块对自己有害的石头;"是我不好",直接贬低自我,间接抬高对方,好像给自己脸上抹黑,但实则是块对自己有益的金石。

一户人家经常吵架,男主人批评女主人"不该小肚鸡肠""不应婆婆妈妈",女主人批评男主人"不该大手大脚""不应脾气暴躁",他们家很少有和和睦睦的时候。在这户人家的东边,有一家人与他们相反,全家人一团和气,这令常常吵架的男女主人十分羡慕,于是前往请教。邻家的主人回答说:"我们家里每个人都是有着许多缺点的人,所以不会吵架。"问话人不明所以,怅然离去。一天,邻家有一辆自行车被窃,他们的对话无意间让经常吵架的那户人家听到了。"没有关好大门是我的错。""不,我忘了上锁,是我不好。""其实我不应该把车子放在院子里。"听到这些,这户经常吵架的人家才恍然大悟,原来吵架是因为常常说"是你不好",和睦是因为常常说"是我不好"。看来,"是你不好"是个危害亲人关系乃至社会人际关系的不良言辞,而"是我不好"却是个化解矛盾、加深友谊的既简单而又神奇的交际法宝。

可以这样说,"是你不好"是人际关系的离心力,不只伤害遭受指责的人的自尊心,周围的人也会心里不舒服。"是我不好"是人际关系的向心力，不仅能融化交往双方心田的冰雪，还会得到周围人的赞誉。

加拿大前总理克雷蒂安小时候患了一种病，致使一只耳朵失聪，讲话时嘴巴歪向一边。尽管他有这种缺陷，但他不自卑，反而奋发图强，从而使社会地位不断提高。1993年10月大选时，以时任总理坎贝尔女士为首的保守党，为了攻讦克雷蒂安没有资格当总理，竟大肆利用电视广告来夸大他的脸部缺陷，然后问道："你要这样的人来当你的总理吗？"这种"克雷蒂安不好"的选战攻讦，竟出人意料地招致了许多选民的反感和愤怒。而豁达的克雷蒂安面对责难，泰然处之，他毫不避讳自己的身体缺点，这种"我确实有些地方不好"的话语，博得了选民的极大同情。面对种种巨大压力，坎贝尔女士自觉理亏，被迫收回了这个电视广告并向克雷蒂安公开道歉。据估计，这个电视广告使保守党至少失去10%的选民的支持。大选结果揭晓后，轮到坎贝尔被人嘲笑了。保守党委员会指责她应对大选惨败负责，要她马上辞去党魁一职，单身的坎贝尔顿失栖身之所。简单地说，坎贝尔的失败，原因之一是错走了"是你不好"这步棋；克雷蒂安的胜利，原因之一是唱响了"是我不好"这段感人之曲。

为什么"是你不好"对自己有害，而"是我不好"对自己有益呢？原来，人们都有个"别扭心理"，"是你不好"能够使对方反过来认为是说此话者不好，"是我不好"能够使对方反过来认为说此话者并不是不好。"是你不好""是我不好"分别像伊索寓言里的风和太阳，狂风不能脱下老人身上的外套，相反会使老人把外套裹得更紧；暖洋洋的阳光照在老人身上，不用多久，便会使老人脱下狂风不能吹下的外套。因此说，温和式的责己远远强过火药味浓烈的责他。

由此可以得出这样一则处世箴言：明智地做人，一要毫不犹豫地抛弃"是你不好"这块徒具光彩外表的恶石，二要留住"是我不好"这块能增强凝聚力、提高影响力的人生之金石。按照这则箴言去做，也就是在对待别人方面，要多看看人家的优点，多想想人家的好处；在对待自我方面，要多找找自己的缺点，多比比自己的差距。只要"是你不好"这句话不说或少说，"是我不好"这块金石能够留在心中，表现于言行，那么你就会拥有一个含金量很高的人生。

30 经商情感树

小玉、青山、阿平是东南大学贸易专业的首批大学生。1983年8月,他们被分到广州一家钢材公司任购货员。一次,他们从私营商贩王老板手中购进一批钢材,之后发现这批钢材质量不合格,锰的含量太低,而碳的含量过高,于是把这批钢材列为次品。因为这件事情,公司蒙受了不小的损失,作为经办人的小玉、青山、阿平也理所当然受到了公司的处分。他们三个人感到被王老板愚弄了,于是愤怒地去找那个王老板想讨回公道,可一贯耍奸诈骗的王老板,因为货款已拿到手,根本不理这个账。

1986年3月,受改革开放大潮的影响,小玉、青山、阿平三个人辞去公职,各自创办了一家钢材公司。因为他们有一位同学在某钢铁厂从事一种CC钢材的研制开发,所以他们三家钢材公司都从事这种市场上不多见的CC钢材的经销。

无巧不成书。1988年的一个夏天,那个曾经欺骗过这三个人的私营商王老板与香港一家公司谈妥了一笔生意，王老板负责提供600吨CC钢。王老板那儿没有这种货，他便到广州钢材市场上去寻求合作商。

王老板先来到了小玉的钢材公司。虽然已经过去四五年的时间了，可小玉还清楚地记着王老板呢。面对笑嘻嘻的王老板，小玉对他一顿奚落。"宁可一块钢材卖不出去，也绝不卖给大骗子！"在小玉的这番强硬话语下，王老板灰溜溜地离开了小玉的公司。

在青山的公司里，王老板用手摸着成批的质量合格CC钢，心中不免喜不自禁。因为当年被王老板欺骗而受损失这个缘故，青山故意将钢材加价30%，一来是报复王老板，二来是如果生意谈成，还能挽回当年的那些损失。听到这最后的报价，王老板的心凉了，因为按照这个价格购进，那个香港客商肯定不同意，他们根本赚不到钱。

无奈之下，王老板来到了阿平的公司。两个人都是聪明人，都认得对方，也清楚记着当年的过节。与小玉、青山不同的是，阿平显得很冷静，很积极。以前的事情已经过去了，而过去就过去了，阿平不想让那个阴影笼罩现在两人的合作。经过一番谈判，羞愧的王老板厚着脸皮与阿平签订了合同。他们两个人都因为这笔生意而获得了丰厚的利润。

小玉、青山、阿平，这三个人的做法，谁的恰当？这不用多说，当然是阿平了。因为开办公司是为了赚钱的，在合理合法的前提下，只要能够赚到钱，那么他的做法就是对的。

如果把经商情感看作一棵树，那么小玉情感树上的枝丫就过多了——存在不必要的意气用事。枝丫过多会浪费养分，影响树木成长；不必要的意气用事，自然会影响其收入。青山情感树上缺少能够吸收太阳能量的树枝——诚实正直的经商之道。枝叶不够，树木成长就会困难；经商缺乏诚实正直，事业就难以发展。

阿平的情感树上枝叶均匀、合理，既没有多余的枝丫影响成长，又不缺乏吸收太阳能量的必要枝叶，因此阿平的情感树会茁壮成长，生意当然也就兴隆。

十多年后，阿平成为拥有亿元资产的工商巨头，而个性不变的小玉、青山还是老样子——普普通通的小生意人。其实不只是经商，从事任何行业的人们都有必要培养情感之树。

31 生意潜伏术

看完《动物世界》，才知道螳螂是个非常阴险的家伙。之所以这样说，是因为它有三项能力。一是螳螂能够经常改变其形态与颜色，以便与环境很好地融合在一起。一些螳螂形似枯叶，另一些则与花朵十分相像。二是螳螂极具耐心，它能够纹丝不动地待在一个地方，等待那些粗心的猎物进入其捕食圈。等待时，螳螂最典型的姿势是一对前腿举起，模样看上去像是在做祷告。三是捕猎速度极快。它的前腿是用来扑捕猎物的，腿上有锯刺，腿的各段连接自如，捕猎时互相配合，动作极快，令人目不暇接。这三项能力结合在一起，就使螳螂具有一种超级潜伏术。一点危险都没发觉的昆虫飞来时，等待它们的只有一种结局，那就是成为螳螂的美餐。有如此超级能力的螳螂是不缺食物的。通常，螳螂对食物非常浪费。它们只吃一点，而将大部分丢掉。

人是万物之灵，对"潜伏"这个词儿一点也不陌生，并且潜伏本领要远远高于螳螂等自然界的动物。

某市有个叫洛雨的青年，将潜伏本领运用到经商中，让人叹为观止。

话说该市报纸上刊发了一则新闻，离此不远的海岛上惊现海市蜃楼现象——数位渔民在海岛上看到不远处出现大队船舶，并且还有城郭楼台。这一现象一直持续十多分钟，随着一阵风刮起，虚幻的景象就消失了。

当市民为这一奇观津津乐道时，青年洛雨眼睛为之一亮。一周后，他在这家报纸上刊登一则广告，以10元钱的价格销售到海岛观看海市蜃楼的门票，上面写着出现海市蜃楼的预计时间。广告中同时声明，如果预测出现失误，不能看到海市蜃楼，门票销售者将赔偿购买者20元钱。

海市蜃楼是世间奇景，虽然壮观诱人，但毕竟是可遇而不可求。许多好心人为洛雨捏了一把汗，担心他赔个精光。

担心归担心，买票者络绎不绝。

一批又一批的人到岛上去参观，他们中大部分人都没有看到海市蜃楼。不过，海岛景色不错，白帆竞逐，群鸟翱翔，植被茂盛，怪石兀立。虽然没有有幸目睹那一虚无缥缈之景，但也不虚此行。想到这些，有的游客就不再索赔那20元了。不过，也有较真的人专门去找洛雨。洛雨按票赔偿，20元一分不少。

有人为洛雨算了一笔账,洛雨赚到手的钱远没有赔偿出去的多,但洛雨好像没有终止该项生意的意思,继续做广告,继续销售观看海市蜃楼的门票。

洛雨傻了吗?没有,他精明得很。原来,在这生意之中还潜伏着另一项生意,凡是去这海岛,就必须乘船。洛雨与船务公司达成了秘密协议,凡是持门票乘船者,都要付50元船费。在这50元船费中,有20元归洛雨。你说,洛雨是傻还是精?

与洛雨一样靠"潜伏"来做生意的人,遍布许多行业。凡是经常旅游的人都知道,一些旅行社收取的费用要低于景点门票和交通、食宿费用之和。那旅行社赚取的是什么?就是靠潜伏在表面生意之中的第二生意来赚钱,如旅游购物、景点返还等。

32 葵花向太阳

葵花为什么能够灵敏地向着太阳转呢？原来葵花身上有一种奇特的植物生长素，这种植物生长素总是分泌在葵花背光的一面，并且刺激背光一面的细胞迅速繁殖。因此，背光一面要比向光一面长得快，所以花盘总是朝着太阳的方向弯曲。从清晨到黄昏，太阳由东向西移动，植物生长素也像是跟太阳捉迷藏似的在茎里不断地背着阳光移动，于是葵花就老跟着太阳转。这种性质，在植物学上叫作"向光性"。植物学家研究认为，许多植物叶子都具有跟葵花一样的习性，就是向着太阳，而葵花的转动则是植物向光性运动里最突出的表现。

单看这些，我们并不能对"向日葵身上所具有的光环"产生怀疑。可往深层分析，我们就不由得倒吸一口凉气了。因为从现象上看，葵花向阳是喜欢阳光，可实质上它却是在躲避和讨厌阳光。为什么这样说呢？因为葵花身上的植物生长素特别怕太阳晒，总是躲藏在花盘的后面，花盘向阳是为了保护这种生长素的！葵花讨厌阳光的另外一种表现是：在向光一侧总是具有较高浓度的叶黄氧化素，其主要功能是抑制细胞生长。叶黄氧化素相当于人的反感情绪，反感情绪也能抑制人的生机与活力。这种躲避和讨厌阳光的实质，就是葵花向阳的另一面。

社会规律与自然规律总是那样的相似。认识了葵花向阳的另一面，我们就会清醒认识阿谀奉承、唯唯诺诺、言听计从的另一面。他们实质上并不是绝对拥护"权贵"，崇拜"权贵"，而是受利益驱使，心里惧怕权贵；他们并不是真心喜欢"权贵"，而是内心讨厌"权贵"。

"权贵"有大有小，如果你是其中一员，就一定要处理好"太阳"与"葵花"的关系，始终做到：放下"太阳"威严的架子，不仅要让"葵花"不再惧怕，还要让"葵花"无话不说。如此，你就会成为他们心中永不落的"太阳"。

33　第二谋生能力

在茂密的灌木丛中，仙甘藤这种藤状小灌木太不显眼了，藤小，叶小，花也小。这种依靠昆虫才能授粉的植物，要想在偌大的丛林中立足，太难了。因为昆虫往往飞向的是有气味的、硕大的或者能产蜜的花朵，而仙甘藤不具备这些优势。物竞天择，适者生存。仙甘藤之所以能代代繁衍下来，自有它的绝活，那就是在万绿丛中长有一片片异常醒目的白叶。这白叶本是花朵中的一枚萼片，为了在满眼绿色的植物世界中吸引更多的昆虫前来传花授粉，所以演变成了硕大的白色叶状物。这特殊的"白叶"构造不但弥补了花朵细小的缺憾，还使得它们在丛林中尤为显眼，从而诱使昆虫纷纷而来，这无疑是一种"挂羊头，卖狗肉"的策略。类似于这种冒名顶替的现象在自然界中并不鲜见，我们熟悉的一品红、叶子花也是如此。

大家需要注意的是，吸引昆虫授粉本是花朵的事情，可是当花朵能力不行时，"白叶"也就是萼片便担负起这项职能来。在此，我们不得不敬佩大自然的神奇造化能力。如果说仙甘藤的花是第一谋生能力，那么仙甘藤的"白叶"就是第二谋生能力。第二谋生能力可以弥补第一谋生能力的不足。

对医生来说，学识与诊断水平是第一谋生能力，但当学历与阅历不如他人时，该人未必在医院不被重用，因为决定医生地位的还有他的第二谋生能力，即与患者沟通的能力。如果某位医生擅长交流、态度和蔼，也会受到病人欢迎，良好的沟通是医患关系的"润滑剂"。有位患有神经官能症的老年病人，住入某市医院后一直诉说心前区疼痛，肯定是自己的冠脉出问题了，但冠脉造影结果却为阴性。按说听到这个消息后老太太该放心了，但她却老大不高兴："我是十几年的老冠心病号，怎么现在病没有了？这不可能！"老太太继续诉说自己胸痛，每天要叫十多次护士和医生，弄得一些医护人员见她就烦、见她就躲。对病人是要认真负责的，为此医院专门安排一个心细、有耐性的年轻医生来负责老太太的治疗。这位年轻医生虽然在资历、经验方面不如他人，但能做到每天不厌其烦地解释，并且还注重了解老太太的其他一些情况。在与老太太及她的家人多次沟通之后，年轻医生了解到老太太病出有因：在她家里冠心病书籍堆了整整一书柜，家人也一直把她当作冠心病病人来伺候她。她自觉身体毛病越来越像冠心病了，条条症状都符合医学书上描述的情况。在了解了老太太的心理症结与内心需求之后,年轻医生尽可能地满足她的心理、生活和医疗要求,并且动员老太太的家属配合心理诱导。没多久,老太太的"心绞痛"治好了。出院时,老太太满面春风,一改以往的忧郁和唠叨,还送给年轻医生一面锦旗表示感谢。老太太逢人就说,这家医院里数这位年轻医生医术高!

不只卫生行业,任何行业都需要第二谋生能力。其实,当各种原因导致第一谋生能力不强时,也不要自卑和难过,你可以发展第二谋生能力。如果第二谋生能力强,即使第一谋生能力比他人稍弱,同样也可以和其他人一样飞黄腾达。

冷热水效应

34 微笑是最大的力量

世界上什么东西的力量最大？杂文《种子的力》在否定了"象""狮子""金刚"等一连串答案后，依据"种子能分开头盖骨""小草能掀翻石块"等科学实验和平常事例，出人意料地提出了"种子的力量最大"的观点，使读者耳目一新，感触极深。

其实，种子的力量最大，只是用某一个视角来观看自然界。社会交往中，力量最大的自然就不是种子了，那是什么呢？不是别的，是微笑。

某天清晨，一位女士打开了房门，猛然发现一名持刀男子正恶狠狠地盯着她。女士没有慌乱，而是灵机一动，微笑着说："朋友，你真会开玩笑！你是推销菜刀的吧？我正想买，请进。"当男子进屋后，女士接着微笑着说："见到你很高兴。你很像我过去的一位善良的邻居，你要咖啡还是茶？"目睹女士如此友善的举动，面带杀气的男子变得腼腆、尴尬起来。他结结巴巴地说:"谢谢,谢谢!"男子一口气喝完茶,迟疑了一下,放下刀就离开了。临出门时,男子说:"大姐,你的微笑改变了我的一生!"原来,这名男子屡屡受骗,对社会产生了仇恨心理,想持刀抢劫。不承想,在第一个"回合"里,恶意就输给了微笑。

微笑,不仅可以让人们逢凶化吉,还能让人们发财致富、飞黄腾达。

美国"旅馆大王"希尔顿,在创业初期,曾向母亲讨教怎样对待顾客,母亲告诉他:"除了对顾客诚实外,还要微笑。微笑有三样好处:一是简单易做,二是不花钱,三是行之有效。"于是希尔顿要求他的员工,不论工作如何辛苦,都必须对顾客保持微笑。"你今天对顾客微笑了没有?"这句话是希尔顿的名言也是希尔顿说得最多的话。在美国经济萧条时期,全美的旅馆倒闭了80%,希尔顿的旅馆也连年亏损,但他仍要求每个员工:"无论旅馆遭遇如何,我们的微笑是永远的。"微笑不仅使希尔顿公司率先渡过难关,还给其带来了巨大的经济效益。

顺境时要笑,逆境时更要笑。中国舞蹈《千手观音》的台前幕后在日本一家电视台播出后,许许多多的日本人泪流满面。是什么感动了日本观众?答案就是洋溢在残疾表演者脸上的微笑，那是历经千辛万苦后仍然从容的微笑。每一位表演者，都曾历经苦难与折磨，但他们最终将惊人的美呈献给了世人。虽然逆境无处不在，但真正的勇者、智者，都不会忘记希望，更不会忘记微笑。

法国哲学家阿兰在他的名作《幸福散论》中说："在医生的药箱里，没有一种药品比微笑更能迅速地医治患者。"美国心理学家卡耐基说："笑容能照亮所有看到它的人，它像穿过乌云的太阳，带给人们温暖。"

微笑能够博得别人的尊重，是人与人沟通的桥梁。生活中多一些微笑，也就多了些安详、融洽与快乐。

35 爱的源头

2008年，比尔·盖茨退出微软日常管理，全身心投入慈善事业。盖茨把自己对慈善事业的热衷归功于两个人：父亲老盖茨和妻子梅琳达。老盖茨有一次拿了一份非洲每年死于轮状病毒的儿童人数统计图表给盖茨看，图表上触目惊心的数字让盖茨感到震惊。盖茨回忆说，从那以后，他开始对慈善事业有了浓厚的兴趣。盖茨的妻子梅琳达曾多次同盖茨交谈，希望他淡出商界，全身心投入慈善事业。梅琳达对慈善的热衷，源于她的一次非洲之行。当她看见许多赤裸着身子的妇女和光着脚跑来跑去的骨瘦如柴的孩子时，内心很受触动，她下决心要帮助这些可怜的母亲和孩子。

爱是有源头的。由比尔·盖茨我想到了爱心光芒闪耀的海伦·凯勒。

20世纪，一个又聋又哑又盲的残疾人以其勇敢和爱心震撼了世界，她就是海伦·凯勒——一个生活在黑暗中却给人类带来光明的女性，一个度过 88 个春秋，熬过了 87 年无光、无声、无语的孤独岁月的弱女子。这样的一个人，竟然毕业于哈佛大学，并用生命的全部力量处处奔走，建起了一家家慈善机构，为残疾人造福。1964 年，她被授予美国公民最高荣誉——总统自由勋章，第二年又被推选为世界十大杰出妇女之一，还被美国《时代周刊》评选为 20 世纪美国十大英雄偶像。创造这一奇迹，全靠海伦·凯勒拥有一颗不屈不挠的心。海伦·凯勒接受了生命的挑战，把慈爱的双手伸向了全世界。

是谁给了海伦·凯勒无穷无尽的爱？

海伦·凯勒在自传中写道：假如给我三天光明，首先，我希望长久地凝视我亲爱的老师——安妮·莎利文太太的面庞，当我还是个孩子的时候，她就来到了我面前，为我打开了外面的世界……我希望从她的眼睛里看到能使她在困难面前站得稳的坚强性格，并且看到她那经常向我流露的、对全人类的同情。

如此说来，是安妮·莎利文用爱心和智慧引导海伦·凯勒走出无尽的黑暗和孤寂，引导她将爱洒向全人类。而安妮·莎利文又有什么样的经历呢？

安妮·莎利文在很小的时候就被送到了波士顿郊外的精神病院。她的房间就像一个地牢，几乎看不到阳光。小莎利文不是攻击坐在"地牢"外面的人，就是坐在角落里一言不语。渐渐地，医生放弃了治好小莎利文的希望。一位将要退休的年老护士认为即使无望的人也应得到关爱。一天，她带给小莎利文一些巧克力饼。小莎利文对此视而不见，没有任何表示。第二天，年老护士再来"地牢"时，那些巧克力饼都不见了。从那以后，年老护士每周都会给小莎利文一些巧克力饼。不久，医生注意到小莎利文在改变。经过一段时期的观察，他们决定"提升"她到轻度病房。最终这个"没有康复希望的小女孩"被告知她能够回家了。但小莎利文拒绝离开，她也想像那位年老护士一样帮助不幸的人。多年后，她照顾并培养了海伦·凯勒。

当海伦·凯勒处于人生的逆境时，是安妮·莎利文帮她渡过了难关。而在安妮·莎利文最灰暗的日子里，是那位不知名的年老护士给了她爱和温暖。

当我们看到滚滚长江水的时候，我们会想到它的源头；当我们目睹爱的奉献时，也不要忘了去寻找它的源头。寻找爱的源头，既可厘清事物的本来面貌，又可找出爱的潜在规律；找出爱的源头，就能完美回报，既能肯定"下游"善举的可敬，又能褒扬"上游"爱心的可贵。

36　人际交往的薄冰区

自尊是什么？自尊是支撑一个人在社会上站立的无形要素。有了自尊，就有了社会恩怨，也就有了事业进取。自尊与生命孰重孰轻？有人为了自尊舍弃生命，也有人为了生命放弃自尊。但是，不管是生命重要还是自尊重要，我们都应该清晰地知晓自尊在人际交往中的重要性。

我原先居住的家属院里，有一个孤零零的看大门的老头。他没有什么亲人，也不和社会上的人交往，人们只知道他姓王，都称呼他老王。老王脾气好，没棱边，每天要做的事就是默默地履行自己的职责。

一日，好端端的老王忽然病倒了，并且再也没有站起来。

临终时，家属院的许多人去病榻前看望他。想到老王为这个家属院看了几十年的大门，从没出过差错；想起为了开门经常深夜里把他从被窝里叫醒；想起经常托他看管小孩，代传口信……家属院的人们非常难过。有人问他喜欢吃什么东西，有人告诉他要请最好的大夫给他治病，还有人告诉他花钱的事都不用他操心，我们这些住在家属院的人都热泪盈眶地围着他问这问那。人们逼急了，老王就断断续续地说："如果……给我……开追悼会，别……别忘了……我叫王永根。"说完，老王长出一口气，安详地闭上了双眼。

一位老人在临终时念念不忘的东西，周围的人并没想到。

姓名是什么？姓名是每个人最基本的自尊。在几十年的时间里，虽然我们对他很客气，与他很融洽，可是并没有人真正地尊重他，因为大家连最基本的他的名字都不清楚。对这件事，我们一直耿耿于怀。因这件事，我深深地意识到自尊在人际关系中的重要性。

在这个社会上，因为自尊问题没处理好，而把好事办成坏事的事情太多了。我印象最深刻的是我在报纸上见到的一个案例。数年前，广州市发生了一起令人发指的凶杀案：凶手血洗了老朋友的家，连襁褓中的婴儿也没有放过。受害人是个成功的生意人，一直慷慨资助这个生意失败的凶手。可是这个人却恩将仇报。精神学家分析说："强者对弱者施加关爱时，若是使弱者的自尊受到伤害，其潜意识里便会产生厌恶，最后积蓄成巨大的杀伤力。"这个典型案例告诉人们，一味施加关爱并不一定有好结果,只有尊重对方才会有好结果。人性就是这样微妙,自尊就是这样重要。如果把关爱看作一幢建筑,那么尊重则是这幢建筑的地基,使对方自尊心受到伤害好比将建筑建在沙漠上,风一吹建筑就会轰然倒塌。

自尊,是人际交往的薄冰区。人们必须小心翼翼地穿过,不能"蹦跳"。如果一个人,是一个有本事的人,同时又是一个善于处理自尊问题的人,那么他就是一个情商高超的人。在这个问题上,我十分佩服某政府部门的蔡处长。

在我们市一处秀丽的风景区里,有一幢破旧的小楼。因为这幢楼有碍观瞻,所以城建部门和一些热心人便去劝说旧楼的主人装修一下,可是这幢旧楼的主人李某就是不给面子。没办法,城建部门找到了旧楼主人的好友,也就是蔡处长,前来劝说。

看到远道而来的老朋友,李某非常高兴。在看到蔡处长的白色西装上有一块黑色斑点后,李某笑嘻嘻地说:"蔡哥呀,你也不缺钱,怎么还穿这样'潇洒'的时装?"蔡处长同样乐哈哈地说:"李弟呀,你也不缺钱,为什么不装修一下楼房?你看看,你这幢楼不就是这个风景区的斑点吗?"听到此言,李某既兴奋又羞愧。在蔡处长的劝说下,李某打算第二天就像样地改造旧楼。照常规,蔡处长不负人所托,完成了这一任务,可以走人了。可蔡处长还有高人一着的棋，他说："这件事，听说以前有关部门、有关领导调解过，但因语气不当、双方欠缺沟通，所以没能得到你的同意。这次我很幸运，你很给我面子。我在感谢你的同时，也在担心，因为我是一个在本地工作的外地人，在本地有头有脸的人出面不能解决问题的情况下，由我这个外地人来促成和解，未免会使本地那些人感到丢面子。"他进一步说："这件事这么办，你再帮我一次。你要装作我出面也解决不了此问题。等那些人再上门时，你把面子给他们。"

蔡处长为什么这样做呢？因为他意识到自尊的重要性。如果以前劝说李某的人的自尊心受到伤害，那么他们在以后同李某打交道时可能就会磕磕绊绊，宽敞的道路就会因此变得不平坦。蔡处长就是这样高明和无私。他既为他的朋友李某着想，也为那些以前多次劝说李某的人着想。蔡处长不想炫耀自己的能耐，他甘做一个无名英雄。就是因为如此，他才会有人缘，他说的话才相当有分量。

不用说，等有关人员再次上门劝说的时候，李某爽快地答应了装修的要求。没多久，在旧楼基础上精心改造的漂亮楼房便出现在市民和游客面前。每当我看到这座楼房，我就暗暗敬佩蔡处长的精明和为人。

自尊既然如此重要，那么怎样做，才能较好处理这个问题？

如果你有一种如履薄冰的意识，那么就会把自尊问题处理得妥妥当当。要想维护对方的自尊，那么就必须尊重对方。尊重对方，就是要将"对对方的好感"和"对方很重要"这两层意思清楚地表达出来。在人际交往中，"尊重"的两层意思不可缺其一。如果只是表达了"对对方的好感"没有表达出"对方很重要"，那么这只是喜欢，而不是尊重，当然也起不到尊重的效果。如果说出"你很了不起""想不到你还有这项本领"之类的称赞对方的话语，但态度居高临下、表情冷若冰霜，那么这也不是尊重，因为这样的做法给对方的感觉好像是讥笑、蔑视，不但没有尊重的效果，反而会伤害对方的自尊心。如果是帮忙，那么就不要使对方觉得接受你的帮助是一种负担。帮助要做得自自然然，也就是说当时对方或许无法强烈地感受到，但是日子越久对方越会体会出你对他的关心。在帮忙时，你要高高兴兴，不可以表现得心不甘、情不愿。

尊重他人，首要条件就是尊重的言行要出自真心。将美丽的雕像当成人，最后这座雕像真的成了一位活生生的美女，这是皮格马利翁效应。如果你内心抱着"我很喜欢他""他很重要"的想法，那么，就会产生皮格马利翁效应，在你与对方交往的一言一行中，都透露出实实在在的尊重之意，而对方也会在无意识的状态下体会出你的内心想法。你内心厌恶某一个人，却又想收获"尊重他人"的果实，这是很困难的。即使你表演得再好，也终会露馅。因为矫揉造作、虚情假意的尊重顶多只能蒙人一时，难得长久。人与人之间需要真诚的尊重，不管你同某一个人目前的关系如何，如果你想赢得这个人的心，就应该学会尊重他。而要尊重他，就应该首先在内心里产生"他很好""他很了不起"的想法。

冷热水效应

37 弥子瑕的遭遇

物理学中有这样一个现象：通电时，电磁铁就有吸引力，断电时就没有吸引力。另外，电流强弱发生变化，电磁铁吸引力也会发生变化，电流方向改变时，吸引力还会变成排斥力。人际吸引力的变化与电磁铁吸引力的变化是相通的。

说到人际吸引力，有的人觉得熟悉，有的人感到似懂非懂。看看下面的例子，你就明白了。

春秋时，卫国有位风度翩翩的美少年弥子瑕，国君卫灵公非常宠爱他。有一天，弥子瑕在桃园顺手摘了一个桃子吃，没想到这桃子异常鲜美，弥子瑕就把吃剩的一半留着，拿去献给卫灵公。卫灵公很高兴地对他说："你一定是舍不得吃，特意把它留给我的。"几年后，弥子瑕的容貌不再像以前那般美好，卫灵公就渐渐疏远了他。某一天，卫灵公突然想起弥子瑕让他吃剩桃子的事，就破口骂道："这个弥子瑕太可恶了，竟然把他吃剩的桃子送给我。"

同一件事，卫灵公前后的感受不同，是因为人际吸引力发生了变化。弥子瑕年轻貌美对卫灵公有吸引力时，他的一举一动在卫灵公心里都是不错的；几年后，弥子瑕对卫灵公失去吸引力时，他曾经的那个举动就会让卫灵公心里不愉快。

因此，不难看出，人际吸引力对我们来说是非常重要的，只是这个普通得不能再普通的道理没有得到人们足够的重视罢了。

电磁铁提高吸引力，靠的是提高电流、增加线圈的匝数；人际间提高吸引力，靠的是关心他人、爱护对方、赞美优点、共享共鸣等各种沟通方法和技巧。不要小瞧了电磁铁吸引力，几十吨甚至近百吨重的物品，也会被电磁起重机很容易地吊起。在人际交往中，你要想拥有好人缘、获得他人的帮助，那么就请你提高人际吸引力。

38 不要做渡渡鸟

从前，非洲的岛国毛里求斯有两种特有的生物，一种是遍地生长、郁郁葱葱的卡伐利亚树，一种是成群结队、数也数不清的渡渡鸟。

卡伐利亚树木质坚硬、木纹细腻、树干挺拔、树冠秀美，是一种优质珍贵树木。在它的下面，是悠闲自得的渡渡鸟。渡渡鸟以卡伐利亚树的果实和树下的昆虫为食，和鸽子是近亲。由于毛里求斯岛的特殊环境，渡渡鸟没有天敌，生活可谓无忧无虑。慢慢地，它们的翅膀退化，体重增加，变成了一种不会飞的鸟。

造物主是神奇的，毛里求斯岛的这两种特有生物似乎有一种天然的亲近关系。渡渡鸟喜欢在卡伐利亚树成林的地方生活，而在渡渡鸟居住的地方，卡伐利亚树也总是枝繁叶茂、新苗丛生。

16世纪后期，带着来复枪和猎犬的欧洲人来到了毛里求斯。不会飞又跑不快的渡渡鸟的厄运降临了。

欧洲人见到这些身体硕大、行动迟缓的渡渡鸟后，顿觉十分惊讶，因为它们不但肉味鲜美、数量众多，而且笨得出奇、傻得可爱。这些渡渡鸟见到入侵的敌人，不仅不惧怕、不逃避，反而好奇地走上前去左右打量，朝欧洲人"dodo"几声。在欧洲人的意识中，"dodo"的意思就是笨蛋。他们不由得惊叹渡渡鸟真是一种名副其实的呆子鸟。

对这些呆子鸟，入侵的欧洲人一点怜悯之心都没有。他们拿起来复枪，吆喝着猎犬，对它们大肆捕杀。这捕杀太容易了，遍地都是渡渡鸟和它们的蛋，况且它们不会飞、跑不快，而且呆头呆脑、不知危险。开始时，欧洲人每天能捕杀几千到上万只渡渡鸟，由于其存活数量急剧下降，欧洲人每天捕杀的数量也就越来越少，最后每天只能打到几只了。1681年，最后一只渡渡鸟也被残忍地杀害了。从此，除非是在博物馆的标本室和画家的图画中，地球上再也见不到渡渡鸟了。

令人奇怪的是，在渡渡鸟灭绝后，卡伐利亚树也渐渐稀少。它似乎患上了"不孕症"，虽然年年开花结果，但始终没有新苗长出。难道渡渡鸟和卡伐利亚树是一场"生死恋"？到20世纪80年代，毛里求斯只剩下13株卡伐利亚树，眼看这种珍贵的树种也要从地球上消失了，人们不得不对其进行研究。

1981年，美国生态学家坦普尔来到毛里求斯研究卡伐利亚树，这一年正好是渡渡鸟灭绝300周年。坦普尔细心地测定了卡伐利亚树的年轮，发现最年轻的卡伐利亚树树龄正好是300年，也就是说，渡渡鸟灭绝之日正是卡伐利亚树绝育之时。

坦普尔进一步研究，他在渡渡鸟的遗骸中找到了几颗卡伐利亚树果实，通过检测，坦普尔推断出，卡伐利亚树的果实被渡渡鸟吃下后，果肉和种子外面的硬壳会被同时消化掉，这样，排泄出的种子才能发芽。

为了验证这种推测，人们让与渡渡鸟血缘相近的火鸡来吃下卡伐利亚树的果实，然后再将排泄出的种子栽培，果然种子发芽了，卡伐利亚树绝处逢生。

至此，人们明白了这场"生死恋"的内在关系：渡渡鸟与卡伐利亚树相依为命，鸟以果实为食，树靠鸟来繁衍。它们一损俱损，一荣俱荣。

人们在惊叹大自然的神奇时，不要忘了，渡渡鸟不是人，它无法具有忧患意识，因而招致灭亡；但人不是渡渡鸟，人一定要居安思危，不然哪一天也会像渡渡鸟一样惨遭灭顶之灾。人们还不要忘了：卡伐利亚树不是人，它不能自立，要不是后来科学家所做的贡献，它差点儿就像渡渡鸟一样惨遭灭种；但人不是卡伐利亚树，人不能像卡伐利亚树那样有过分依赖的思想，要在世间做到独立、自主、自强。

39 处事需懂文化特性

几百年前,麦哲伦率领船队去远洋探险。他们在新发现的大洋中风平浪静地航行了一百多天,非常欣喜,便给这新发现的大洋命名为"太平洋"。但欣喜并没持续太久,船队便面临了一场灭顶之灾——粮尽水绝。幸运的是,他们发现了一个富饶的群岛——太平洋西部的马里亚纳群岛。当地人在得知他们因缺少食物而奄奄一息时,马上给他们送来了粮食、蔬菜和淡水,麦哲伦和他的船员们非常感动。就在他们狼吞虎咽之时,当地人纷纷上船,选取他们感到新奇和喜爱的东西,连一声招呼都不打就大大方方地拿走了。麦哲伦和船员们开始不语,后来忍不住了,便试着阻拦,但当地人依旧我行我素。怒火越烧越大的麦哲伦和船员们,斥骂当地人是"强盗"并拿起刀枪展开杀戮。最后"强盗们"被歼灭了,受恩于当地人的麦哲伦一行不但不反思,反而理直气壮地把这个群岛命名为"强盗群岛"。

冷热水效应

几百年后，人们发现，这是一场巨大的历史悲剧，而造成悲剧的源头是双方互不了解对方的文化特性。当时马里亚纳群岛土人的基本文化是原始公有制。按他们的文化价值观，送给饥渴的客人饮食是理所应当的事，同样，拿取对方的东西也是天经地义的行为。但贸然而来的麦哲伦一行生长在私有制和基督教文化中，他们把土人主动送来食物解读为基督教倡导的无须报答的爱心，把不经允许便拿走他们财物的行为解读成强盗行径。由于互相缺乏了解和沟通，拥有不同文化特性的两类人群便瞬间关系恶化。假若当时双方中有一方懂得对方的文化特性，改变行为方式，如变无偿拿取为交换，那么悲剧就不再是悲剧，而是一场皆大欢喜了。

我们常常看到社会上发生对抗的双方，各自情绪激烈、振振有词。但既然这样，为什么他们之间会发生摩擦呢？深层原因就是双方各自拿自己的尺子去丈量对方，并且互不了解对方的文化特性。每个民族、群体、个体都有自己的文化特性，只是这种文化特性不会直接显露在外。只有通过读，才能知晓；通过解，才能和谐。

先说说读。读有间接、直接两种。俗语说，"入境而问禁，入国而问俗，入门而问讳"，这是间接读；察言观色、思前想后、设身处地，这是直接读。再说说解。读懂了对方的文化特性后，要么选择远离，要么选择接近。而选择接近，也有两种方式，一是附和，二是变通或改变。麦哲伦一行不了解对方的文化特性，既没有选择远离，也没有选择随俗或交易，也就是附和或变通，结果酿成了一场让人嗟叹不已的历史悲剧。

40　寻求批评

一个钟摆，在左右两个方向来回摆动。往左摆动大，往右摆动也大；往左摆动小，往右摆动也小。人的心理也有这个特点："爱之深，责之切。"对你严格要求、严厉批评的人，会使你有长足的进步；而不管你做什么事，对你既不注意也不理睬的人，是内心既无担当，也不负责的人。与人交往，一定要虚心接受批评，努力寻求批评，切莫把"玉"当成"石头"。

花儿需要修剪才会美丽。如果不修剪或修剪不得法，不仅会使植株形态紊乱，其生长也会愈来愈弱，着花越来越少。同样，一个人只有经常接受批评，才能使自己不断长进。金无足赤，人无完人。只要是活生生的人，就会有缺点，而人的弱点往往又是看不到或看不全自己的不足。那么，如何寻求"别人对你的批评"呢？

一是打扫心境迎批评。不知从何时起，我们有些原本心直口快、疾恶如仇的同事或朋友突然间变得羞羞答答、难以启齿了，对别人的错误、缺点，看在眼里，记在心里，但堵在口里。他们之所以不愿批评别人，往往是出于"多种花、少栽刺"的考虑，怕批评影响了两人间的关系。但是，如果你以"获得批评"为宝，别人也不会把"批评你"视为畏途。因此，要想求得别人的批评，就应打扫自己的心境，将"高傲""固执""狭隘"等不利于批评生存的尘埃统统扫掉，变得乐于接受批评，感激别人的批评。这样，就能够创造一个经常获得别人批评的环境。

二是花钱请客买批评。你不妨邀请一位或者几位诤友到家里坐一坐，沏上一壶好茶，开一个以接受批评为主题的茶话会，就自己感到困惑的问题，譬如"为什么威信差啊""为什么学习不深入啊"等，来征求一下朋友的意见。只要你敞开心扉，以诚相见，你请的客人肯定会给你指出一点或者几点问题的症结。你听后，或许会恍然大悟："哦，我说怎么会成这样呢。"这样的茶话会可以称作"求医问诊会"，从另一种意义上说，也可以看作"锦绣前程会"。

三是见微知著要批评。如果你在与他人的交往中，听到一些避重就轻、避实就虚的委婉话语，那么你就应该主动走上前去，坦诚地细声询问对方："噢，我有哪些地方做得不够好，惹得你生气？"如果你言语真诚，对方或许会告诉你自己觉察不到的缺点，以便你能够改正。现实社会中，经常有这样的情节，某某青年工作非常卖力，但脾气有点暴躁，常惹得周围的同事厌烦，细心的青年发现并求得批评后，下决心改掉了自身存在的不足。

四是常照镜子借批评。"别人对别人的批评"是一面镜子，照照这面镜子，可以提醒自己"衣冠是否端正"，有没有类似的错误，以便引以为鉴，这叫"借批评"。电视剧中就有这样的镜头，譬如：小两口闹别扭，婆婆批评自己的儿子"遇事不忍让""平常不关心""家务活很少干"等，恰好，这些话语被刚走到门口的儿媳听到了。通情达理的她认为，婆婆的几点批评在自己身上也有不同程度的存在，因此，从内心深处，她觉得应该牢记"婆婆的批评"，以后和和睦睦过好日子。一个人若能够经常从"别人对别人的批评"中反省自己，提高自己，必定会使自己得到长足的进步。

41　假死与假活

城东边的植物园里,有大片银杏树。某一天,我去参观,发现有的银杏树枝叶茂盛,而有的银杏树枝少叶无。我对陪同参观的农艺师说:"这些银杏树死了,怎么不刨掉?"

农艺师回答说:"这些银杏树是三个月前种下的,虽然没长叶,但并没有死。不信,你看看。"农艺师边说边用手指掐去无叶的银杏树的一块皮,我们看到皮是新鲜的。农艺师接着说:"有些银杏树种下后第一年不发叶,甚至第二年也不发叶,但皮是新鲜的,枝条也不干缩,这种情况下,树不一定是死的,说不定第三年就能发出叶子来。这种现象称为银杏的假死现象。"

我说:"这样说来,这片新栽的银杏树会百分之百地成活了?"

农艺师回答说:"也不一定。有的银杏树即使死了,它的叶子还能展开,甚至第二年、第三年还能发芽,但是叶子很小,待它体内的营养耗光了,它才不发叶了。与假死现象相对应,这叫银杏的假活现象。"

听后,我兴趣大增。

农艺师见我很关心,便兴致勃勃地介绍银杏种植知识:"确定银杏假死还是假活,不能光看叶,重要的是看根。我们购买银杏苗,一定要看根是否发黑,如果是,说明这苗是假活苗,再便宜也不能要。新鲜的苗应该是根的木质部发白,根皮略呈红色,并且和木质部紧贴。"

听农艺师介绍完银杏树的假死与假活,我联想到,在我们人类社会生活中,也有类似现象。

一个女孩爱上一个小伙子,却又羞于启齿,通常的表现就是有意无意地躲避他、疏远他。某些人一毛不拔,只占便宜不吃亏,却满口称别人小里小气,句句道别人是"铁公鸡"。某些人一门心思捞好处,利益面前占先头,言辞中却痛恨别人不讲奉献,只图索取。顾客明明看中了货物,极想购买它,却装出一副不想买的样子,对这件质量上乘的货物横挑鼻子竖挑眼。有些朋友之间互相调侃、彼此戏弄,但他们亲密无间。两位竞争对手表面上亲热无比,暗地里却互相排挤。有些人不想购买熟人推销的产品,心里认为这件产品不适合自己,但碍于情面,或出于其他考虑,不便直接拒绝,反而大加赞许该产品质量如何如何好、外观如何如何漂亮。有些人不想接受别人的批评，认为批评焦点不准，但怕伤了和气，于是只好一味称颂批评的益处，感谢对方的关心。某对夫妇彼此厌恶，各怀鬼胎，但表面上如胶似漆。有些夫妇经常对骂、恶语相向，但心里很关心、在乎对方。

判断银杏树是假死还是假活，要看根。在社会生活中，看他人是否表里如一，要看本质，而不能简单地认为"表"好"里"就好、"表"坏"里"也坏。

如此看来，银杏树的世界和人的世界确实有一些共通之处。

42 卷尾与混混儿

斯里兰卡卷尾是生活在热带雨林中的一种鸟儿，通体灰色或黑色，有着优美的叉状尾巴。因外侧尾羽向上卷曲，故有卷尾之名。它虽然外表其貌不扬，但是一个超级口技大师。除了自己独特的、响亮且变化多样的鸣叫声外，它还能发出多种鸟类的声音——灰头噪鹛尖锐、高亢的刺耳叫声，橙嘴鸫鹛间断、清脆的啾啾声，斯里兰卡钩嘴鹛老式电话铃声似的颤声……斯里兰卡卷尾并不是什么鸟声都模仿，它有很强的目的性，它模仿的都是和它一起混栖的鸟类的鸣叫声。

斯里兰卡卷尾习惯于同其他鸟类成群混栖。这种鸟类集群通常由10余种鸟组成，数量40只左右，其中有2~4只斯里兰卡卷尾。斯里兰卡卷尾不喜欢长距离飞行，它们通常只在巢周围2千米的范围内活动。当混栖鸟群中其他鸟儿飞出斯里兰卡卷尾的活动区域时，斯里兰卡卷尾的超级口技便有了用武之地，它会模仿这些鸟类的叫声大声鸣叫，其结果便是那些飞走的鸟儿掉转头来，重新回到斯里兰卡卷尾的身边。

斯里兰卡卷尾这样做，有什么目的？它不是为了热闹，也不是为了安全，而是为了捕食。原来，当其他鸟儿辛苦找寻隐藏在草丛、灌木中的食物时，斯里兰卡卷尾却什么都不做，只是静静地等待着那些受到惊扰而飞向空中的昆虫。作为混栖鸟群中的一员，斯里兰卡卷尾可谓收益良多：虽然数量占不到鸟群的5%，但它们吃掉的是整个鸟群惊起的昆虫数量的40%。在捕食方面，斯里兰卡卷尾就像这个团队中的超级寄生虫，它们不用费劲地寻觅，而是静静地等候食物送到嘴边来。

这让我们想到了人类社会中伶牙俐齿的"混混儿"。他们的花言巧语好比斯里兰卡卷尾的超级口技，他们的混吃混喝、套金套银好比斯里兰卡卷尾的不劳而获。

斯里兰卡卷尾之自私自利行为被人们所鄙视，同样人们对"混混儿"的所作所为也不敢有所恭维，甚至，在某些地区，如果你管一个人叫"卷尾"，将被视为对他的侮辱。

43 类比言谈术

有时候，你将道理直接说出，对方并不会接受。如果举个类似的例子，做一下比较，形象地说出你的观点，则会令对方欣然同意。这种说话方法，可称作"类比言谈术"。

战国时期，燕昭王的母亲十分羡慕苏秦的才能，派内侍召苏秦入后宫后，与其私通。燕昭王知道后也没说什么，但苏秦十分害怕。

为了躲避是非，苏秦想离开燕国，转而去齐国。苏秦拜见燕昭王，奏道："明智的人做事，都会把平凡变为奇迹，把失败转化为成功。齐国生产的'冰纨''绮绣''纯丽'等高档丝织品，本来是由白缯染成的，却能够比白缯卖出高十倍的价钱；越王勾践被困在会稽山上，却击败了强大的吴国而称霸天下。这都是把平凡变为奇迹、把失败转化为成功的范例。昔日，燕国被齐国征伐，大王您一直耿耿于怀。假若大王想把平凡变为奇迹，把失败转化为成功，莫如怂恿各国尊奉齐国为霸主。

上天欲使其灭亡，必先使其疯狂。齐国称霸，秦国就会感到威胁，秦王必定忧虑，不甘心屈居齐国之下。其他各国，也会仇视齐国。如果时机成熟，齐国一定会遭到讨伐。臣愿意为大王去齐国进行反间活动。"燕昭王问："怎么反间？"苏秦答道："臣假装得罪燕国，逃到齐国，齐王一定重用臣。臣从中破坏齐国朝政，让其疯狂，从而帮助燕国。"燕昭王听后，答应了苏秦的请求。

燕昭王的母亲想留住苏秦，便指使内侍在燕昭王面前诽谤苏秦："苏秦是个摇唇鼓舌、左右摇摆、反复无常的臣子，到了齐国，一定不利燕国。"燕昭王于是反悔，不许苏秦离开。

苏秦求见燕昭王，奏道："臣是洛阳一个低下的人，承蒙大王厚爱，授臣官职。今臣想去齐国反间，大王您先是同意后又不同意，这其中肯定有人以不忠罪名中伤臣。臣虽不是儒教弟子，但也知道曾参孝道和尾生诚信（曾参是孔子高徒，齐国欲聘之为卿，他因在家孝敬父母，辞而不就。尾生也是儒家弟子，和女子相约在桥下幽会。不料下起大雨，女子没来。尾生来了，一直在桥下等候女子，即使洪水来了也不离去，最后紧抱桥柱被水淹死）。曾参、尾生就是臣的榜样。不管在燕国，还是在齐国，臣都会像曾参那样孝敬大王，像尾生那样坚守诚信，为燕国尽忠。"燕昭王很受感动，对苏秦说："寡人没有说你不孝不信，你不要多虑了。"苏秦接着说道："有一个人在很远的地方做官，他的妻子和别人私通。他快要回来时，和他妻子私通的人就忧虑。他妻子说：'你不要担心，我已经制好了毒酒，等着他呢。'过了三天，这个在外地做官的人回来了。他妻子让婢女端着有毒的酒给他喝，婢女想告诉他酒中有毒，又恐怕他把女主人赶走；可是不告诉他吧，又怕害死男主人。于是她假装跌倒，把酒泼在地上。这个在外地做官的人大发雷霆，将婢女打了五十竹板。婢女跌倒泼掉了那觯毒酒，既保全了男主人，又保全了女主人，可是自己却挨了竹板子。臣如今的遭遇跟这婢女的遭遇相似啊！"燕昭王说："寡人明白你的苦衷了，你明天就可去齐国。"

苏秦可谓是个利用类比进行说话的高手，一系列精彩的类比，使燕昭王恢复了对苏秦的信任，让苏秦摆脱了困境。

战国时期，安平君田单用火牛阵大败燕军，恢复齐国，受到了齐国上下的尊重，而当时的清高之士、竖刁后人刁勃却常常公开述说田单的坏话。他逢人便说："安平君田单是个小人。"田单听说后，反而特地备了酒菜请刁勃前来。在宴席上，田单问："我有什么地方做错了吗？为什么先生常常跟我过不去？"刁勃说："桀犬吠尧，并不是尧不圣明而是各为其主呀。"田单立即明白了，自己功绩太大，难免会有对立之人，刁勃是为与己对立之人效力，不过，刁勃能为对立之人所用，也可以为己所用。第二天，田单上朝向齐襄王推荐了刁勃，让刁勃当上了大夫。

田单由临淄市场小吏骤升为安平君，便有许多心胸狭窄、妒心强盛的小人设法毁谤。他们向齐襄王说："安平君田单对待大王，不遵君臣之礼，没有上下之别，他内心是要图谋不轨啊！大王您看他，暗地里交结英雄豪杰，他的阴谋可不小啊！请大王仔细审查。"齐襄王果然中计，当即召田单前来。田单一听齐襄王突然召见，来不及戴帽子，也没有穿鞋子，半露着身子，诚惶诚恐地前去请罪。齐襄王见田单确实如别人所说不注重礼仪，不过内心却是尊重自己的，于是便不再怀疑。齐襄王向田单说道："田单，你没有罪，安心做你的安平君，以后注重礼仪就行了！"

刁勃闻听此事后，当即来到齐国王宫，向齐襄王严肃奏道："大王怎么能说出亡国的话来呢？"齐襄王莫名其妙，立即问道："寡人怎么说亡国话了？"刁勃不回答，继续问道："大王跟周文王相比，怎么样呢？"齐襄王摇摇头说："寡人不如。"刁勃说："臣就知道大王您不如！那么，大王您跟齐桓公姜小白相比又怎么样呢？"齐襄王答道："寡人也不如。"刁勃说："臣当然知道大王您不如！要知道，周文王得到了姜子牙，尊他为姜太公；齐桓公得到了管仲，尊他为仲父。现在大王得到了安平君，为何叫他的名字田单？从齐国建立以来，做臣子的功劳，有谁能胜过安平君呢？可是，大王竟然直呼他的名字，说出这种亡国的话来！想当初，大王不能保住自己的国家，是安平君凭着区区即墨之城，带领几千疲惫军士，收复了千里失地，这都是安平君的功劳呀！在那时，如果他自立为王，谁也不能阻止他！可是，安平君完全从道义出发，认为不能这样做，所以扶立大王您。因此，大王您才能返回国都临淄，治理齐国。现在国家已经安定，大王您却直呼安平君的名字田单，就是小孩子也不会这样做的。安平君是不注重外在礼仪，这正说明他内心坦诚！安平君举荐了臣这样的人，要知道臣在以前天天说他坏话呀！大王您应该远离那些是非小人，向安平君道歉。不然的话，齐国前途就危险了。"齐襄王猛然醒悟，立即驱逐进谗言的小人，对田单以叔父相称，并将万户之地封给了田单。

　　刁勃可谓是个健谈之人，他使用的说话技巧就是"类比言谈术"。"桀犬吠尧""周文王""齐桓公"等，都成为刁勃说服他人的类比利器，"类比言谈术"不仅让刁勃自己转危为安，而且还使刁勃建立了不朽功绩。

44 吃亏经营是祸是福？

曾创立著名机构"马上办中心"的日本前松户市市长松本清先生，是一位颇具匠心的人物。他曾经是一家药店的老板。有一年，他推出了一项决策，把一种价值 200 元的补药，仅以 80 元的价格出售。当这一方案推出后，每天都会有一大批顾客拥进店来，把这便宜得出奇的补药抢购一空。按理说，这种卖法持续下去，损失会越来越大，可实情并非如此，整个药店不但没有亏损，反而盈利更多。这是什么原因呢？另外，价值 200 元的补药，并没有任何质量问题，那松本清先生何苦非要卖 80 元？

在旁观者眼里，有这样那样的疑问都是正常的，因为松本清先生的举动确实不同寻常，其结果更是非同一般。原来，顾客在特别"青睐"这种补药时，对其他药品也有了一种"好感"。在 80 元补药的带动下，其他药品销量大增。相比以前多赚的钱，不仅弥补了出售 80 元补药的损失，而且还盈余不少。

松本清先生之所以坚持将 200 元的补药仅卖 80 元，正是基于这个考虑。他当然不是一时糊涂，而是一种大智若愚。

看到这则事例，我们的感觉是，吃亏经营，有时是一种福祉，就好像砒霜（砒霜，是不纯的三氧化二砷，有剧毒，但是在治疗一些寄生性的疾病时，仍然少不了砒霜的帮助）有时也是一剂良药一样，能够让人们在平平淡淡或者山穷水尽之时，出现良好转机，带来新鲜气息。毋庸置疑，那些不加考虑、冒冒失失的吃亏，是愚蠢之举，而深思熟虑、胸有成竹的有意吃亏，则是一种上上策。在什么情况下，可以有意去吃亏呢？例如：能够让对方感动时，能够刺激购买欲望时，能够带来间接效应时……不论哪种情况，都应该符合一个基本要求，就是有意吃亏必须能够产生有利的效果，并且这种效果大于所受的损失。一句话，有意吃小亏，就是占大便宜。

45　白脸与红脸

经商中处处给人面子，保持一团和气，并不一定能赢得合作。因为很多情况下，你越是这样，对方就会越强硬、越傲慢。要想解决这个问题，需要运用双簧这个超级经商策略。经商中的双簧，不是舞台戏剧，一个在台前装模作样，一个在台后装腔作势，而是一个表演白脸，一个表演红脸。这种经商策略，能够轻松地迫使对方就范。

山东某机械制造公司想采购一批钢材，便与一大型钢铁厂的代表进行谈判。总经理严某要求在合同上写明他所提出的22项要求，其中有7项要求是没有退让余地的。可是，对方并不同意。在后来的谈判中，双方各不相让，硝烟四起，最后钢铁厂代表把严某赶出了谈判会场。没办法，机械制造公司只好派出副总经理赵某继续同该钢铁厂谈判。严某告诉赵某，只要争取到22项中的那7项没有退让余地的条款就心满意足了。可是这次谈判出乎严某的预料，赵某竟然争取到了21项条款，剩下的那1项是个无关大局的条款。

当严某惊奇地问赵某是怎样取得如此辉煌的胜利时,赵某回答说:"那很简单,每当我同对方谈不到一块儿时,我就问对方'你们是希望同我解决这个问题,还是留着这个问题等待严总经理同你们解决?'结果,当这句话说出后,对方就接受了我的要求。"显然,在这场谈判中,严某的白脸与赵某的红脸形成了合力,产生了奇特的效用。

这就是一个典型的双簧经商事例。

通常的双簧经商策略,是先由扮演白脸的人出场,由他采取咄咄逼人的攻势,提出过分的要求,并且傲慢无礼,立场坚硬,让对方看了心烦,想到头痛。然后,扮演红脸的人再出场,他采用温文尔雅的态度、诚恳的表情、合情合理的谈吐来同对方打交道。扮演红脸的人还会适时地、巧妙地暗示,如果他不能与对方达成协议,那么先前出场的人还会再次出场。在如此的心理压力下,对方由于厌恶扮演白脸的人,另一方面也由于扮演红脸的人比较可亲,从而同意要求,达成协议。

白脸,可以通过各种不同的面目或形式出现,可能是人,也可能是某件事,可能是真的,也可能是假的。"我很希望与您保持一致,可是公司章程不允许我这样做。"在这里,公司章程就是一个白脸。白脸是多种多样的,但作用就一个,就是引起对方的忧虑不安,提醒他们不要过分抬高自己的价码。当然,白脸不能乱用,因为它很具冒险性,容易伤害对方的感情和诚意。如果小题大做,故作声势,让对方识破,其结果只能是竹篮打水一场空。所以,白脸运用必须巧妙,要有助于促进双方的理解与合作。如果双簧配合默契、运用紧凑、有礼有节,那么就会在商场上发挥神奇的作用。

冷热水效应

46　红朗姆与脾性

"红朗姆"在国际赛马界里,享有独一无二的盛誉。它曾经三次且在历史上只有它是三次赢得了英国国家大赛冠军。"红朗姆"退役时,还被选为英国最佳运动员。几十年过去了,它仍保持着最高纪录。不过,它不是人,而是马。根据英国赛马的一项规定,积分高的马在比赛时会被加以较高的负重,如将铅块置于马鞍中。这种规则,导致同一匹马蝉联冠军的事情极其罕见,这更彰显出"红朗姆"的超群绝伦。它死后被安葬在著名马场中,为了纪念它,人们还在场外树立了它的铜像。

这匹功名显赫的马最大的特点就是有个性。曾经一手培训出这匹伟大赛马的现年72岁的驯马师金加·麦肯在接受电视采访时眉飞色舞地说:"'红朗姆'每天操练时,一定要走在其他马之前,否则会大发脾气。"在它晚年时,"红朗姆"患了不治之症,异常痛苦,医生在广泛征求意见后,决定人为致死,从而免其痛苦。子弹射中其头颅后,"红朗姆"并没有倒下,而是倚着墙站着，一直到死。许多人唏嘘地说："今后恐怕再也不会碰上另一匹'红朗姆'了。"

"红朗姆"的驯马师麦肯同样有个性。当年马主将"红朗姆"买来后，它的马蹄经常肿胀。在一片"不可医治"声中，执拗的麦肯坚持用海水给它疗伤，结果出人意料，"红朗姆"不仅为麦肯带来了财富，还带来了名誉。许多骑师视马匹如工具，而麦肯却视"红朗姆"为宝贝，尽量不让骑师多骑他的马，以避免马匹受伤。"红朗姆"死去时，有记者问麦肯是不是如死去妻子一样，他说自己的伤痛比此更甚，因为英国有两千多万妇女，而"红朗姆"只有一个。

"红朗姆"之所以能够在20世纪70年代创造出旷世奇迹，让亿万观众身心愉悦并长久感念，或许就是与它至死不渝的个性有关。麦肯之所以能够取得傲人的训马成就，或许也与他坚持真理和异常爱马的脾性有关。

动物虽然不能与人作比较，但有些精神和道理是相通的。可以说，能力孕育脾性，脾性反过来又造就能力。记住一条：我们不要因为某人有个性而贬低他，或许在他身上隐藏着一种火山爆发般的气概和一种横扫天下的潜能。

在赛马场上，作为运动员的马不需要其他马的帮助。但在当今社会，一个人要想取得成功，与人团结协作是必不可少

冷热水效应

的，仅靠单枪匹马奋斗是不行的。我们认可"红朗姆"的个性，但不要过分推崇"红朗姆"的个性，要接受磨炼，去掉棱角，减少摩擦同时又能留住根本，保持骨气。只有这样，才能所向披靡。

47　学会与冤家共处

在社会上闯荡，几乎每个人都有几个"冤家"。其实，有几个"冤家"不见得是坏事。

M1A2 坦克，是目前世界上最坚固的坦克之一。它可以抵抗时速超过 4500 千米、单位破坏力超过 13500 千克的打击力量。那么，这种坦克上的品质优异的防护装甲是如何被研制出来的呢？

坦克专家巴顿中校在接受了研制 M1A2 坦克装甲任务后，立即找来了一位"冤家"——著名破坏力专家舒马茨做搭档。两人各带一个研究小组开始工作，不同的是，巴顿带的是研制小组，负责研制防护装甲；舒马茨带的则是破坏小组，专门负责摧毁巴顿研制出的防护装甲。刚开始，舒马茨总是能轻而易举地把巴顿研制的坦克炸个稀巴烂。但随着时间的推移，巴顿一次次地更换材料和修改设计方案，终于有一天，舒马茨使尽浑身解数也未能破坏这种新式装甲。于是，世界上最坚固的坦克之一就在这种近乎疯狂的"破坏"与"反破坏"试验中诞生了。巴顿与舒马茨也因此同时荣膺了紫心勋章。

战国时期,有个人叫张仪。他出身贫寒,年轻时常常遭受别人欺负。他决心外出闯荡,谋个一官半职。可是,他走了许多国家,从没有人对他正眼相看。两年以后,衣衫褴褛、狼狈不堪的张仪只好回到家里。亲人见他如此落魄,都不理他。他的妻子只是坐在一旁埋头织布,不看他一眼。他的嫂子明知他腹中饥饿,也不肯给他做饭吃。在这些"冤家"的刺激下,张仪暗自发誓,一定用心读书,将来出人头地。后来,张仪成了"身挂六国相印"的大纵横家。他在功成名就后,无限感慨地说,他应该感谢他的那些"冤家"。

读了以上两个事例,我们就会明白"冤家"的作用:他们特别关注我们的缺点、错误并且还会无情地抨击我们的缺点和错误。其实,这件事情对我们来说,不是坏事。因为在抨击的作用下,我们会不断校正自己,不断促使自己走向完美。一个人有缺点、错误并不可怕,可怕的是不知缺点、错误在哪里。与"冤家"共处,会使我们尽量多地知道自己的缺点、错误在哪里。而豪杰之所以是豪杰,圣贤之所以是圣贤,原因就在于他们能不断地、尽可能地改正自己的错误。可以说,一个人如果想有小成就,就去找朋友;如果想有大成功,就去找"冤家"。

不要时刻想着躲避或者动不动就打击"冤家",要学会与"冤家"共处——将来自"冤家"的压力化为自身前进的动力!

冷热水效应

48 新种树郭橐驼传

一千多年前，柳宗元老先生写了一篇文章，叫《种树郭橐驼传》，说的是一位名为郭橐驼的老人擅长种树，当地富豪人家都争着聘请他。郭橐驼所种之树，无不高大茂盛，他人虽暗中观察仿效，却也比不上他。

有人向其取经，郭橐驼说：我种的树之所以生长旺盛，是因为"顺木之天，以致其性"也。通俗讲，就是顺着树木生长的自然规律，使它按照自己的本性发展罢了。具体操作起来，就是栽种时如同养护子女，栽好后却要弃之不顾，这样树木就得到了它自己的天性，这是我植树多年的诀窍。他植者则不然：要么根不舒展，要么换了新土，要么培土过量，要么培土不够。如果不这样，则又爱之太殷，忧之太勤，且视而暮抚，已去而复顾，甚至切开树皮看看生枯，摇摇树根看看疏密。其结果只能是：虽曰爱之，其实害之；虽曰忧之，其实仇之。

一千多年过去了，郭橐驼的植树之道在今天仍大有借鉴之处。观当今社会，一方面，不少大人们对孩子是"爱"心充溢：在生活上，有求必应，供大于求，这些被父母过分的"爱"浸溺的孩子，不是弱不禁风，就是体重超标。在学习上，这些父母逼迫孩子们爬书山下题海，让他们钻进那象牙宝塔里不出来，一股脑儿地升温加压，大大的书包、厚厚的镜片、过量的作业令他们不堪重负，天真的脸上有了本不该属于他们的拘谨和早熟。教育方式上，他们则是时而一味称赞、听之任之和娇生惯养；时而警告、恐吓和揭短，时而怨天尤人、怒气冲天和棍棒相加，这些家长不是把孩子当作有感情、有意识的生命个体，而是看成没有独立思维的"物"随意支配。鲁迅先生有句名言："无情未必真豪杰，怜子如何不丈夫。"亲子之爱，人皆有之。希望孩子成才，将来在社会上有所作为，也是人之常情。但凡事都有个度，如果超过了这个度，那就令人忧虑了。

另一方面，大人们给予孩子的却又少之又少：有些家长要求孩子好好学习，增长知识，可自己却不读书不看报，整天打麻将，搞得家里天昏地暗，这是没给孩子一个优良的学习环境。有些家长指望子女孝顺，可自己却不对老人尽义务，甚至打骂虐待老人，这是没给孩子一个做人的榜样。有些家长给孩子买钢琴、买保险、买楼房，却忘了给孩子买一副很便宜的球拍，这是没给孩子一笔真正的财富。有些家长希望孩子乖巧听话，但自己却很少与孩子进行情感上的交流，使孩子的心理需求得不到满足，这是没给孩子一个温馨的家庭气氛。参天大树的成长，既需要阳光、土壤、水分，又需要大自然的风霜雨雪，有些大人只让孩子泡在"蜜罐"里，却没让其体验人生的艰辛，品尝磨炼的苦涩，这是没给孩子一个健康成长的充分条件。

　　孩子能否成才，要受各方面的制约。大人们的关心是必要的，但主要还得靠孩子自己。育人如同培育树苗，肥水给得适时适量，小树苗方能茁壮成长，教育孩子只有遵循孩子的成长规律，才能培育出一个对社会有用的人。而如果给予孩子的"养分"畸轻畸重，那就会应了柳宗元笔下郭橐驼的"害之""仇之"的警告。

49 沙漠也能变绿洲

人类不断将麦草以方格形状植入沙漠,并在方格里种上旱生植物,多年后,沙漠化逆转形成"沙结皮",沙漠表面植物成活,各种生物诞生,继而发育、繁衍。几年下去,沙漠边缘呈现出一幅幅精美的"艺术画卷"。其实,在任何环境里,只要用心去"浇灌",都会"沙漠变绿洲"。

上帝制造了三个经商版本,意在为天下众多生意人指明方向。

A版本的主人公是A,上帝让他相貌丑陋,身材矮小,并且在三四十岁的时候才让他开始推销保险。A在当保险推销员的前半年里,没有为他所就业的公司拉来一份保单。他没钱租房,就睡在公园的长椅上;他没钱吃饭,就去吃饭店专供流浪者的剩饭;他没钱坐车,就只好步行去他要去的地方。这够坎坷的了,不过,上帝在给他苦难的同时,也给了他另一种财富,就是乐观。A在推销中,从来不觉得自己是个失败者,至少从表面上没

冷热水效应

有让人觉得他是个失败者。自清晨从公园长椅上"起床"，他就向每一个他所碰到的人微笑，不管对方是否在意或者回报他的微笑，他都不在乎，而且他的微笑永远是那样由衷和真诚，看上去是那么精神抖擞，充满信心。终于有一天，一个常去公园的富翁对 A 的微笑产生了兴趣，他不明白一个吃不饱饭的人怎么总是这么快乐。于是，他提出请 A 吃一顿好饭，可被 A 拒绝了。A 请求这个富翁买他的一份保险，于是，A 就有了自己的第一笔业绩。这个因惊奇而买保险的富翁又把 A 介绍给许多商场上的朋友，因此，A 的腰包鼓起来了，他的自信和微笑感染了越来越多的人。

B 版本的主人公是 B，在他 65 岁的时候，上帝安排他穷困潦倒，但上帝并没让他绝望，给了他一个炸鸡的好手艺。为了生计，B 便带着一只压力锅、一个 50 磅的作料桶，开着他的破汽车上路了。他身穿白色西装，打着黑色蝴蝶结，一身绅士打扮。他停在一家又一家饭店门口，不断地向他们说："我有一份上好的炸鸡秘方，如果你们能采用，相信生意一定能够提升。如果生意提升，我的要求是从增加的营业额里抽成。"可面对 B 的推销，这些饭店老板觉得他是在胡诌，甚至有一些人当面嘲笑他："得了吧，老家伙，若是有这么好的秘方，你干吗还穿着这么可笑的白色西装？"这些风凉话，并没有让 B 打退堂鼓，他不为前一家餐馆的拒绝而懊恼，反而用心修正说辞，以更有效的方法去说服下一家餐馆。到了他第 1010 次兜售时，他才听到了第一声"同意"。在过去的两年时间里，他驾着自己那辆又旧又破的汽车，足迹遍及整个国家的每一个角落。他困了就和衣睡在后座，醒来便逢人诉说他的那些点子。他为人示范所炸的鸡肉，经常就是他果腹的餐点。在他的推销取得突破后，业务量像滚雪球般越滚越大。这种有点辣、稍微有点腻，虽然很咸但很嫩的炸鸡立即被广大民众所接受。近 70 岁的 B 天天被吵嚷着要同他合作的人团团包围。

C 版本的主人公是 C，上帝安排他到一个陌生国度去发展，并且只让他带 5 美元。在多方寻求帮助后，C 买下了一家便宜的濒临倒闭的玩具工厂。当时他发现成本太高是这家玩具工厂失败的原因。C 决定提高产量以降低成本，他规定，凡是制作工人所用的工具、材料，一定都要放在最顺手的地方，要用时，一伸手就可以拿到。这样一来，操作机器的工人，不必再为等材料、找工具耽搁时间，无形中节省了很多成本。另外，他还规定，在工作中，不准吸烟，但每隔一个半小时，准许全体休息 15 分钟。因为他发觉叼着烟工作，进度非常慢，而且有很多人借抽烟来偷懒。这两项规定执行以后，在机器没有增加，且人员减少的情况下，产量增加了 50%。这是他经商的一个缩影，他的经营理念就是收购失败企业。在经过若干次类似的发展后，C 成为赫赫有名的经商数十年但没做过一笔赔钱交易的"常胜将军"。

说完这三个版本，有些读者可能猜到 A、B、C 分别是谁了。

A 是原一平，日本历史上签下保单金额最多的保险推销员，他的微笑被称为"全日本最自信的微笑"。原一平说：走向成功的路有千万条，微笑和信心只是助你走向成功的一种方式，但这又是不可或缺的方式。A 版本告诉我们，给自己一份信心，给他人一个微笑，成功就会渐渐地向我们靠拢。

B 是桑德斯，著名肯德基炸鸡连锁店的创始人。现在众多肯德基店门口站着的笑容满面地迎接每一位宾客的白胡子老头装饰，就是桑德斯的形象。B 版本告诉我们，人们不仅可以在晚年适应一项新的事业，而且可以创建一个非常成功的产业，还证明只要不被"拒绝"打败，就能成功。

C 是道密尔，一个在美国工艺品和玩具业富有传奇性的人物。道密尔曾说过："别人经营失败的生意，接过来后容易找出失败的原因，因为缺点比较明显，只要把那些缺点改正过来，自然就赚钱了，这要比自己从头做一种生意省力得多，风险也小得多。"C 版本告诉我们，有了胆识与智慧，就能书写不凡。

条件差、岁数大、起点低并不要紧，只要有一个良好的性格，有一个坚强的毅力，有一个聪颖的头脑，就能立大业、成大事，甚至创造出奇迹。

50 犯傻的角马

角马长得像牛,生活在非洲的东部和南部。雨季期间,水量充足,广阔的草原上一片勃勃生机,一群群角马在绿草丛中自由地生活。但到了旱季,为了寻找水源和新鲜草料,角马就不得不离开这里了。它们聚集起来,成群结队地迁徙,每天走48千米,一共要行走数千千米。每次迁徙,角马群都要渡过一条让它们闻风丧胆的马拉河。这条马拉河位于肯尼亚,河中有两种动物是角马的杀手。一种是世界上最大最凶残的尼罗鳄,一种是被称为"非洲河王"的河马。每当角马群渡河时,马拉河上都会上演一幕惊心动魄的厮杀与逃奔场景。

为了生存,角马群不得不一次次迁徙,而迁徙就不得不渡过马拉河。当渡过马拉河两三次后,角马的脑中就有了这样一种认识:渡河是必须的,群体中的一些角马被尼罗鳄和河马猎杀也是必然的。

角马的这种认识深化后,就成了思维定式。思维定式有好处也有坏处。好处是在这种认识的指导下，它们会聚集更多的角马去渡河，因为数量越多，相对死亡率也就越低。它们还会把幼小的角马放在中间，这样它们会更安全些。思维定式也有坏处，这坏处是什么？

有一年10月，马拉河的河水不再湍急，个别宽阔地段可以清楚地看到河底。这种罕见情况，几十年也难得一见。一大群角马来到马拉河边，几只年幼的角马发现不远处河水很浅，那儿一只尼罗鳄和河马也没有。于是，不少年幼的角马结队过去，准备从那里过河。此时，令人吃惊的一幕发生了，几十只年老角马过去驱赶那些年幼的角马回到原处，不允许它们从较浅处过河。其余的角马们注视着这个举动，没有一只出来阻止。接着，角马群开始过河。后果可想而知，惨剧重演。

角马明明知道水深的地方有凶恶的尼罗鳄和河马，为什么不从较浅且没有尼罗鳄和河马的地方过河，而是依然选择以前的路线呢？

这就是思维定式消极作用的结果。一种无形的枷锁束缚住了年老角马，它们觉得一部分角马被猎杀是必然的，从老路线走要放心些，所以年老角马才有此举动。它们原本想保护幼小角马，结果反而抛弃了"上天恩赐"的机会，让灾祸再次发生。

思维定式是个大障碍，世上的人们经常在它面前栽跟头，非洲的角马居然也像人类一样犯傻。话说回来，角马可以像人那样犯傻，但人不能像角马那样糊涂。我们要认识顽固思维模式和思考习惯的优劣特性，从而利用好思维定式的积极面，避免它的消极面。当所处环境依旧时，我们要利用经验，循规蹈矩；但当条件发生变化时，我们要打破常规，创新思维。

51 情绪照射与反射

一天早晨,与我在一间办公室的张小姐一进门,便闷闷地说:"不知道为什么,今天早晨,开水房的老鞠好像有点不太高兴。"

"哦,什么情况?"我问道。

"平常见人他非常客气,笑容满面。今天早晨,他笑是笑,可是笑得很勉强。"

"这是什么缘故呢?"我一边想着,一边抬起头来,不经意地注视了一下张小姐的脸。

我明白了。

这天早晨,张小姐两颊的肌肉下垂,双眼通红,并且嘴唇显得有点翘,一看就十分恼怒,这跟她平时活泼愉快的状态大不一样。我估计这可能是因为她昨晚没睡好,或者昨晚遇到了什么不愉快的事情。

张小姐的这副样子,不只是老鞠,谁看见了,都不会轻易笑起来。

人的情绪好比变换着颜色的灯光，照射到周围物体上时，这些物体也呈现出与灯光一样的颜色，并且还会将这带颜色的光反射回去。张小姐的不解就在于她没有留意一下自己的表情，没有注意到"彩灯"的"照射"与"反射"的关系。

有时候，我们感到别人对我们不热情、不亲切，只会单纯地去怨恨别人，却没有去想一想这一切正是我们自己造成的，是我们先向别人照射了不愉快的情绪，而这不愉快的情绪，又反过来照射了我们自己。我们的暴躁情绪、冷漠表情把别人的笑容、温暖给冻结了。

这就说明了一个道理：若要使别人快乐，首先自己要快乐；若要使自己快乐，一定要让别人快乐！

52　小雨点平息怒浪

什么力量可以使波涛汹涌的大海平静下来？如果你没生长在海边，不了解海洋知识，或许一时找不到答案。要知道，平息惊涛骇浪的不是什么巨大力量、神奇的事物，而是普普通通的小雨。当细雨敲打海面时，无论多么汹涌的海浪，都会在顷刻之间变得温柔异常。这，不是夸张捏造，而是实实在在的海洋规律。

社会与自然的抽象规律总是那样相似。某种情况下，平息人与人之间怒火的也不是什么大道理，而是小善举。

我堂妹在珠海打工，2002年经历了一次看似平凡实则大有学问的际遇。堂妹工作的地方是珠海一家很大的酒楼，一天晚上，某顾客用这家酒楼提供的打火机点烟时，意外地把自己的眉毛烧着了。在极度难堪和不快之下，客人大发怒火，话说得非常难听，声称如果不赔他眉毛，他不但不会结这一桌几千块钱的账，还要将酒楼告上法庭。身为服务员的堂妹和其他人一遍遍地向顾客说"对不起",可是顾客依旧很生气。一个小时后,在酒楼老板的说和下,顾客怒气冲冲地打折结账了事。

这个烧着眉毛的人是个很注重外表的男士,也是这家酒楼的老顾客。那晚,堂妹看见他左眉怒冲冲、右眉惨兮兮的样子,心里很难过。这种难过,是出于一种责任心。第二天休息时,堂妹上了趟街,买了一瓶毛发再生液,又捎上了一支眉笔,然后去找这位顾客在中学教书的爱人。见到她后,堂妹诚恳地把经过告诉了她,希望她能劝他试试毛发再生液,也希望在眉毛未长出前,麻烦她给他画画眉。

一周过去了,这位顾客不但没有将酒楼告上法庭,反而又来到了酒楼。他把我堂妹找他爱人送毛发再生液和眉笔的事告诉了酒楼老板,说:"我是奔着这位心思细腻并且充满善心的服务员来的,就冲你们那德行,我才不会再来呢!"最后他感叹道:"老兄啊!我们这些高收入者还不如一个外地女孩有人情味呢!"

又过了一周,堂妹被这家酒楼老板提升为月薪5000元的餐厅主管,成为这家当地知名酒楼里工作时间最短但升职最快的外来打工妹。

堂妹给顾客送去毛发再生液和眉笔是一个小小的善举,可这就如同细雨,平息了大海的怒涛。

53 "被拒绝"价值20元

被人拒绝，心里是很难受的，那种滋味几乎每个人都体验过，但被拒绝是我们生活中的一部分，是我们躲也躲不开的事。因此，我们必须要对此有正确的认识。

其实，在一些成功者眼里，"被拒绝"是好事。美国国际投资顾问公司原总裁廖荣典讲过一条定律，他认为，推销商品，可能会在第10名顾客那里获得价值200元的订单，那么怎样看待前9次的失败与被拒绝呢？他说："请记住，你之所以赚了200元，是因为你拜访了10名顾客，并不是第10名顾客才让你赚到了200元，每个顾客都让你做了200÷10＝20元的生意。当你被拒绝时，你不妨这样去理解——每次被拒绝的收入是20元。所以说，不管遭到拒绝还是得到同意，你都应该面带微笑。"

"被拒绝"价值20元，虽然有点戏说的味道，但其理念值得我们深思和接受。我们要知道，一棵苹果树上大概有500个苹果，每个苹果里平均有 10 颗种子，也就是说一棵苹果树有大约 5000 颗种子。既然种子的数目如此可观，为什么苹果树数量增加得不是那么快呢？原因很简单，并不是所有的种子都会生根发芽，它们中的大部分在生长过程中会因为种种情况而夭折。工作、生活也是如此，我们要想获得成功、实现理想，就必须经历多次的尝试。最成功的人，往往是那些播撒种子最多的人，这就是"种子法则"，也是正确面对"被拒绝"的成功法则。

如果你参加了 20 次面试，才找到了一份工作；如果你同 20 个人一一洽谈，才卖掉了一台电脑，那么你应该很庆幸。要知道，肯德基创始人桑德斯第 1010 次兜售，才听到了第一声"同意"。电影巨星史泰龙成名前拿着《洛基》剧本四处推销，一共被拒绝了 1855 次，才遇到一个肯拍这个剧本的电影公司。

行百里者半九十。一箭定江山，想法很好，但毕竟很天真。从某种意义来说，"被拒绝"就是成功之母。我们永远要记牢："被拒绝"不可怕，可怕的是"功亏一篑"和"脸皮超薄"。

54　心理"能量守恒定律"

在物理学上,有个能量守恒定律。讲的是,不论发生什么变化,能量的形态可以转换,但总和永恒不变。其实每个人的心里,都有能量守恒现象。

一个繁华的城市广场上,一个蓬头垢面的小姑娘在向人乞讨:"大妈、大伯行行好吧!叔叔、阿姨可怜可怜我吧!"

一个打扮时髦的妇人走过,小姑娘上前,伸出脏兮兮的手……

"滚!"那妇人一声呵斥,掩鼻而过。

她缩回手,羞愧地闪到一旁,很长时间一声不吭。

这时,一个文质彬彬的男青年走来,小姑娘又上前缠着他,伸出手去……

男青年显得很不好意思,迟疑了一会儿,从钱包里掏出一张一角的毛票,递给她,可能是男青年钱包里就这么一张零钱。

想不到的是，小姑娘拿起这张毛票，狠狠地扔在了地上。

这个举动惊呆了好些目击者：一个要饭的小孩，竟将乞讨来的钱毫不在乎地扔掉！

一面是遭人呵斥后卑微地闪到一旁，一面是向施舍者狂傲地示威，这两个反差强烈的举动何以会在这么短的时间内发生在同一个小孩身上？

原来，这是心理能量守恒定律在作怪。不只是小姑娘，任何一个人在情绪激动的时候，内心都会形成一种包藏能量的状态。一颗压抑怒火、忍住不快的心就像一只被手压在水里的充足气的皮球，看似平静，实则憋足了强劲的反弹力。这些被压抑的能量并不会化为乌有，只要遇到合适的时机就会以另一种形态释放出来。这个男青年遭遇的尴尬，就是小姑娘的情绪能量转化的结果。

因为有了心理能量守恒定律，所以就有了这些说法：好凌弱者必附强，能抑强者必扶弱；对上巴结者，对下必蛮横。因为在此处付出的人格成本必定要在彼处讨回。

既然心理能量守恒定律是种自然现象，那么我们就应坦然地看待这一问题。当自己情绪激动时，如果不能做圣人，就应学会调适。调适之道可以学学美国历史上的伟人林肯。一次，林肯的一位朋友对林肯谈起他受到的不公正待遇。林肯听后不平地说:"你马上写信去痛骂他,往后再也不与他往来。"于是,那位朋友立即动笔写信,将那人痛骂一顿。然而,信写好后,却被林肯拿过去撕掉了。林肯笑着说:"我写过不少这样的信,但从来没有也永远不会寄出去。我们可以尽情地倾吐心中的不快,但没有理由去伤害他人。"事实上,一个人写了这样的信后,烦恼、怒气就会消除得差不多了。

55　为什么多赚钱

钱，赚钱，多赚钱，并不是只有富商才能谈论，百姓同样可以探讨。这不，开出租车的老李、生产手套的大盛和卖袜子的小张坐在一起，议论起了这事。

老李毫不谦虚地说："我开出租车，文明是要求，赚钱是目的。在这方面，我是引以为豪的，因为我每个月要比同行多赚50%的钱。"大盛、小张同时问道："你凭什么？"老李说："我每天的行车路线都是根据时段详细计划好的。早晨，我先到一些中上等人家的住宅区，那里搭出租车上班的人相对比较多。9点左右，我会到各大饭店的门前等候，这个时间，出差的人要出去办事了，游玩的人也要出去玩了，而这些人均来自外地，对环境十分陌生，所以乘出租车是最好的选择。12点左右，我又到公司云集的写字楼前等待，这个时间，会有不少人一起出去吃饭。下午2点左右，我又到饭店云集的街区，因为吃完饭的人要赶着返回去上班。到了下午5点，市区开始堵车了,我便去机场或火车站。到了晚饭后,我又会去生意红火的大酒楼,接送那些去休闲娱乐场所的人……因为我对出租车生意看得准、摸得透,所以我比同行多赚不少钱。"大盛、小张听后,不由得啧啧称赞。

大盛自己办了一个小型手套加工厂,他说客户戴着他们生产的手套会感觉特别舒服,而戴着别的厂子生产的手套就感觉平淡了些,而客户和同行们一直搞不清原因何在。老李和小张好奇地问道:"你找出原因了吗?"大盛说:"我当然知道我生产的手套为什么会被叫好。原因是我生产的手套,每一双的大小都是不一样的。绝大多数人是右撇子,而右撇子的人右手要比左手大3%。所以,右手手套如果比左手手套大3%,戴起来就会感觉更合适。就是这个3%的区别,使我占有更多的市场份额。"老李、小张闻听此秘诀,不禁拍案叫好。

轮到小张发言了,她说:"我开了一家袜子店,虽然只有10平方米,但收益超过万元,让周围很多精明的商人都大跌眼镜。我也有我的独门诀窍,就是只有我卖市面上不常见的五趾袜。这种袜子有一个好处,就是将脚趾分隔后,人不容易沤脚,犯脚气。商品有益处,就会有市场,而这种商品既薄利又冷门,所以店虽小但能获巨利。"听完小张的话,老李不由得竖起了大拇指,大盛兴高采烈地鼓掌!

在一个柜台上摆有两块金黄色的形状大小相差无几的琥珀，一块价格是 500 元，另一块价格是 5000 元，为何相差这么大？原来 5000 元的琥珀里多了一个小小的昆虫。就因为多了一个昆虫，价格有了天壤之别。回过头看，老李、大盛和小张为何赚钱比别人多呢？

原来他们如同 5000 元琥珀一样，比同行多了一些"小算盘"，多了一点"小差别"，多了一份"小眼光"。这几个"小"，说到底是一种闪烁的灵光、一份独到的见识、一双锐利的慧眼。事实说明一切，多赚钱，并不仅仅依靠勤奋，并不完全依靠天赋，还需要勤于动脑。只要你勤于动脑，相信灵光、见识、慧眼会"飞入寻常百姓家"，助你更上一层楼，让你收获意想不到的回报。

冷热水效应

56　愚蠢的蜘蛛猴

在南美洲热带森林里，生活着一种当地特有的猴子。它的两只胳膊、两条腿、一条尾巴都很细长灵巧，人们习惯上叫它"五手兽"；又因为其模样和蜘蛛相似，所以人们还叫它"蜘蛛猴"。蜘蛛猴个头很小，大约十几厘米高。别看它小，身手却是异常敏捷，加上它胆子很小，所以一直活跃在森林中最高的树上。多年来，生物学家一直想捉住它，但是始终没能成功。后来还是一位土著人想出了办法——在一个小玻璃瓶里装一粒花生，放到树下。当人们离开后，蜘蛛猴就会从树上爬下，把手伸进瓶里去抓花生，由于握住花生的拳头太大，手便拔不出瓶口。就这样，人们轻而易举地捕捉到了蜘蛛猴。

此时，人们一定会感叹蜘蛛猴之愚——为了一点食物就把自己的自由丢掉了！可人们没有想到，蜘蛛猴更愚之处还在后头。

生物学家把捕捉到的蜘蛛猴带回研究室后，想让它把手拿出来，便在它身边放了一大堆花生，可蜘蛛猴没有扑向更多的同类美食，而是仍然攥着瓶里的花生不放手，尽管那一粒花生对它已经没了用处，因为它根本就吃不到。

对于蜘蛛猴来说，人们可以带走它的自由乃至生命，但就是不能让它丢弃那一粒花生。此时，人们由惋惜转向愤怒，不由得骂它如此顽固不化。

转眼间，人们的愤怒消失了，因为人们不由自主地想到自己有时也与蜘蛛猴一样，会犯同样愚蠢的错误——因为贪恋金钱，失去了纯真的情感；因为贪图享受，失去了成功的事业；因为乞求利禄，失去了追求的真理；因为乞望虚荣，失去了永远的掌声……

人生不如意之事，十有八九。生活有时会逼迫你不得不交出权力、不得不放走机遇，甚至不得不抛下亲情。虽然说不轻言放弃，但该放手时不放手，就会失去更多珍贵的东西。古语谓"大丈夫能屈能伸"，"能屈"就是一种放弃，这不是懦弱，而是一种长远的策略，是为了"伸"得更远。拳头收回来，是为了更有力地打出去。放弃是更新的起点，真正聪明的人是不会计较一时的得失的。

学会放弃并不意味着舍弃一切，人生活在这个充满诱惑的世界上，总要有追求。没有追求的人生是乏味、盲目的人生，我们会活得没有自我，没有意义。正确的放弃是一种有选择的放弃,放弃那些我们不需要、不该要的东西,也就是人生的累赘,而保留我们生命中最有价值、最必需、最纯粹的部分,像善良正直、对真善美的执着追求,以及不畏艰难勇于向前的进取精神等。

57　只是多一点

阿成与阿辉都是某公司的业务员，两个人的相同点很多：在一个部门工作，同一所大学毕业，品德都很优秀，工作都很热情，都是口若悬河，都是彬彬有礼，就连相貌、穿着也差不多。许多不了解内情的人都认为他们俩是双胞胎。

在他们工作两年后，两个人的差距出现了。阿辉凭卓越的工作成绩坐上了销售部经理的金交椅，而阿成还是一名普通职员。为此，阿成很苦恼。苦恼倒不是因为阿成心胸狭窄，也不是因为阿成认定领导用人不公，而是阿成感到自己虽然样样与阿辉差不多，但在工作成绩上有明显差别。为什么会出现这种差别呢？阿成找不出答案。在一个晴朗的日子，他到智慧老人那里去诉说心中的苦闷。

将万事万物都看透的智慧老人取出一幅画，交给阿成看。画上是一位人物的素描，阿成感到有点平淡。他实事求是地向智慧老人说出了自己的观感。赞同了阿成的这种评价后，智慧老人拿出画笔来在这幅人物画像的眼睛部位添了一笔。可就这么一笔，画中的人物立刻活灵活现起来。真绝！阿成在心中暗暗佩服智慧老人的绘画技巧。

从旁边的柜子里，智慧老人拿出两个用紫泥制成的葫芦。这两个葫芦，在形状、刻字、颜色、做工等方面都是一样的，可看起来却迥然不同，一个臃肿笨拙，一个出神入化。当阿成正在纳闷时，智慧老人道出了观感不同的原因：那个出神入化的葫芦上部比另一个葫芦上部多了一个斜翘着的小小葫芦茎头。就是这么一点点东西，产生了神奇的效果。

聪慧的阿成此刻悟出了智慧老人想要告诉他的道理——出现差距的原因就是阿辉比自己多了"一点点"。

这"一点点"是什么呢？阿成一时琢磨不透，他便请教智慧老人。

智慧老人说："我知道你们公司的业务开展目标是争取更多的客户，你和阿辉的主要工作便是这个。你在向潜在客户分析合作的利益时，只是简单地告诉他们一周将会获利3000元、6500元。而对客户充满热情的阿辉在和客户打交道时比你'多了一点'，就是告诉潜在客户这样的一个具体数字：获利3000.80元、6500.50元。不要小看了这么个'小数点'，它使得你们公司的可信度大大提高。因此，许许多多的潜在客户被阿辉说服了，变成了正式客户。"

智慧老人又说道："你们工作的特点是经常开会、商谈，这就需要约定时间。你往往把时间定在8点、9点或10点之类的整数上，不只是你，大多数人都这样做。而阿辉不这样，他把时间定在7点50分、9点零5分，或10点40分上。就因为比你多了个'分'，所以也就比你多出了一个精明能干、忙而不乱的好印象。"

"啊！……"阿成惊叹道。整整一个上午，阿成瞪大眼睛认真地听着智慧老人的指点。他十分佩服智慧老人的精辟见解。他第一次明白造成他与阿辉巨大差距的不是自身条件的差异，不是敬业精神的区别，而是自己比阿辉少了那么"一点点"。

智慧老人说："划出伟大与平凡分界限的，不是江河湖泊，而是小溪。大多数人只是将事业之水烧到了99℃，可如果再多那么1℃，就会有本质上的区别了。这小小的1℃就孕育了神奇和不凡。许多人感叹自己一生中没有好运，没有福祉，没有特殊背景，这种感叹浪费了他们很多很多的精力。他们在丢掉这么多宝贵时间的同时，没有坐下来花点时间认真想一想，造成一生平庸的根本原因是没有那'1℃'。"

智慧老人的话语，对阿成的思想触动很大。告别智慧老人后，阿成静下心来在那"一点点"上下功夫。两年后，他和阿辉一起登上了辉煌事业的台阶。

冷热水效应

58　苹果树哲学

某座青山下，有一大片苹果树。在这苹果树的世界里，有位智者，它就是苹果树老亨，因为它长得像汉字"亨"，故叫它老亨。

50年前，这座青山下的苹果树繁殖主要靠种子生根发芽。并不是所有的苹果种子都会生根发芽，它们中的绝大部分会因为种种情况而半路夭折。苹果树老亨总结了一下，得出一条结论，苹果树繁殖的小树的多少，取决于它结的果实的多少。道理很简单，苹果多，播下的种子就多，而种子多，生根发芽的机会自然就多。

但是，20年前，这座青山下的苹果树繁殖不再依靠种子发芽，而是依靠果树嫁接了。苹果树老亨发现，人们通常以楸子、西府海棠、山荆子为砧木，嫁接这片苹果树的一些枝条。每根枝条被选取的机会并不均等，人们通常选取那些无病虫害的、生长旺盛的并且是便于剪枝的。据此，苹果树老亨又得出一条结论：哪棵苹果树的枝条繁殖的新树多，往往是因为它获得的赏识多。

最近几年，这座青山下的苹果树繁殖不是依靠种子，也不是依靠嫁接，而是依靠一种新的生物繁殖技术——植物组织培养技术。人们将苹果树的一小段枝条培养于具有营养成分的培养基上。经过一段时间，这段枝条就会长出小苹果树苗来。由于这种方法投资少、效益高、时间短、数量多，并且可在温室内一年四季生长，故被立即采用，取代了以前的嫁接技术。苹果树老亨仔细琢磨发现，被选进培养基的枝条，往往是那些各方面都优良的苹果树的枝条。苹果树的优良方面有哪些呢？如结出的苹果大、甜、脆，抗病能力强等，还有一条，就是苹果树矮小。为什么矮小的好？因为矮小的苹果树，给它们剪枝和喷洒农药容易，收获苹果也方便，而且结果也比体大的苹果树早上一两年。苹果树老亨重新得出一条结论：某棵苹果树依靠组织培养繁殖的小树多，是因为它的综合素质优于其他树。

这座青山下的苹果园面积大、景色多，吸引了不少人前来游玩。

一群刚刚踏入社会的青年走到苹果树老亨下小憩。老亨除了睿智外，还有热情。它对这群青年说："你们应该像50年前的苹果树那样广播种子，这种子或是交益友、做好事，或是持之以恒、不懈努力。不断地交益友、做好事，或许哪一天你会得到珍贵的帮助、丰厚的回报。另外，参加十几次面试，或许你们才能得到一份好工作；拜访几十个家庭，或许你们才能推销一份保险。最成功的人，往往是那些播撒种子最多的人。"苹果树老亨对这群青年说了很多很多，它不知道这群人中有几个听懂了它的话。

又一群人从苹果树老亨下走过，他们是工作了五六年的公司职员，工作勤奋，业绩突出，一直希望得到老板的赏识和重用。苹果树老亨看透了他们的心思，就对他们说："你们应该像20年前的苹果树那样努力吸引'伯乐'的目光，从而获得领导的赏识。苹果树不能挪动，但你们可以改变自己、推销自己。"苹果树老亨正说着，这群人就匆匆而过了。

不多会儿，几个文质彬彬的人向苹果树老亨走来，他们即将参加国家公务员考试。苹果树老亨对他们说："考试考的是综合素质，就像当今的苹果树繁殖一样。你们不仅要有知识、有能力，还要有思想、有道德以及良好的心理素质。其实，不需要你们长得帅，但需要你们为民着想，为民所忧；不需要你们样样精通，但需要你们讲科学、不添乱；不需要你们事必躬亲，但需要你们廉洁、高效。"

话说苹果树老亨逢人便讲，并且讲的各有不同，旁边的几棵苹果树便对老亨说:"你有时劝人们广播优良种子,有时劝人们寻求他人赏识,有时劝人们提高综合素质,这又多又乱。你能不能总结出一条共性的、放之四海而皆准的道理呢?"苹果树老亨想了想,说:"那就是八个字——与时俱进、适者生存。"这八个字太简练,旁边的苹果树听不懂,但路过的人们听得懂,只是好多人并没有把这八个字当回事儿。

冷热水效应

59 智慧的左右是什么

山有山阳和山阴，水有上游和下游，车有前轮和后轮，鸟有左翼和右翼……几乎所有事物都能找出两个对称的部分，造物主就是这样偏爱数字"2"。

如今，是以计算机为代表的数码时代。所谓数码时代，归根到底就是"0"和"1"两个数，因为计算机是采用二进制原理的，而二进制的外在表现就是"0"和"1"的一连串字符。

某日，我与友人抬杠，友人出了个题目：如果智慧也与"2"有缘，那么智慧的左边是什么？右边是什么？

面对此题，我一时哑然。

后来，我看《史记》，读到范蠡的三聚三散的故事时，才猛然间对智慧的左和右有所领悟。

春秋时期，范蠡尽心尽力辅佐越王勾践，终于使得越国复兴。胜利后，越王封范蠡为上将军。可范蠡知道越王只可共患难不能共富贵，于是就写辞书一封，放弃高官厚禄，只装少量珠宝，乘舟远行，一去不返，这可谓一聚一散。

范蠡辞去上将军后，到了齐国，更名改姓，耕于海畔，没有几年就积产数十万。齐国人仰慕他的贤能，请他做宰相。范蠡感叹道："居家则致千金，居官则至卿相，此布衣之极也。久受尊名，不祥。"于是就归还宰相印，将家财分给乡邻，再次隐去，这可谓二聚二散。

行至陶，范蠡看到此地为贸易的要道，可以据此致富。于是，他自称陶朱公，留在此地，根据时机进行物品贸易，时间不长，又累积千万。后来，范蠡次子因杀人而被囚禁在楚国。范蠡说："杀人偿命，该是如此，但我的儿子不该死于大庭广众之下。"于是就派少子前去探视，并带上一牛车的黄金。可是长子坚持要替少子去，并以自杀相威胁。没办法，范蠡只好同意。过了一段时间，长子带着次子的死讯回到家。家人都感到悲哀，唯有范蠡笑说："我早就知道次子会被杀，不是长子不爱弟弟，是有所不能忍也！他从小与我在一起，知道为生的艰难，不忍舍弃钱财。而少子生在家道富裕之时，不知财富来之不易，很易弃财。我先前决定派少子去，就是因为他能舍弃钱财，而长子不能。次子被杀是情理中的事，不必悲哀。" 这可谓三聚三散。

范蠡每到一处都能如鱼得水、功成名就，可谓具有大智慧者。但是这位古人,在名利面前,始终保持着清醒的头脑,进退自如,懂得及时舍弃荣华富贵,这一点,同样可称之为大智慧。或许正是因为范蠡有这"三聚三散",后人才把他尊为财神。

智慧的左边是什么?是"聚",是进取,是获得;智慧的右边是什么?是"散",是舍弃,是求全。

60 奇异的 22∶78 法则

在人类历史长河中，各民族群星灿烂，可是，没有一个民族像犹太民族那样，在没有家园、没有土地、没有生存权利的情况下，顽强存续了下来，并且深深地影响着世界。犹太人的生存之道，无不让人佩服。在这些生存之道中，有一个处于基础地位的宇宙大法则——22∶78法则。以下几项内容是犹太人总结出来的。

1. 正方形面积减去它的内切圆面积，与内切圆面积的比例大约为22∶78。

2. 人体中除水以外的物质和水的质量比例大约为22∶78。

3. 空气中氧气和其他气体的空间比例大约为22∶78。

4. 对于银行来说，"借款的人"与"放款的人"的比例是22∶78。

5. 富人与普通人的数量比例是22∶78，而拥有财富之比正好颠倒过来是78∶22。因此犹太人认为，在赚钱时，不仅要考虑平民百姓，更要懂得赚取富人的钱，经营奢侈品肯定会成功。

20世纪初，意大利经济学家帕累托对经济行为进行了研究，得出的结论与犹太人的宇宙大法则道理相同。帕累托认为，在任何一组东西中，最重要的只占其中一小部分，约22%，其余78%尽管是多数，却是次要的，这个法则在经济学中被称为帕累托法则。以下是经济学的部分理论和实践。

1.78%的优良业绩是由22%的客户带来的。因此，在为顾客服务中不能平均用力，要重点做好22%的客户的工作，争取创造出更高更优良的业绩。

2.在某个单位中，22%的人通常代表78%的人的发言权；在销售公司里，78%的销售额是22%的商品带来的。在经营上，总是22%的企业控制78%的市场，这揭开了风险最小化、利润最大化的神秘面纱。

3.股市中有78%的投资者只想着怎么赚钱，仅有22%的投资者考虑到赔钱时的应变策略。但结果是只有那22%的投资者能长期盈利，而78%的投资者却常常赔钱。有78%的投资利润来自22%的投资个股，其余22%的投资利润来自78%的投资个股。投资收益有78%来自22%笔交易，其余78%笔交易只能带来22%的利润。

4.成功的投资者、经营者用78%的时间学习研究，用22%

的时间实际操作；失败的投资者、经营者用78%的时间实际操作，用22%的时间来后悔。

5. 22%的产品带来78%的利润，反之，78%的产品创造的利润，仅占全部利润的22%。

戈尔曼、卡耐基等一批美国心理学家在20世纪末提出了情商理论。这个情商理论又包含着犹太人的宇宙大法则。所谓情商，大致可以概括为五方面内容：情绪控制力，自我认识能力，自我激励、自我发展的能力，认知他人的能力，人际交往的能力。现在心理学家们普遍认为，情商水平的高低对一个人能否取得成功有着重大的影响作用。

1. 一个人的成功，78%靠情商，22%靠智商。

2. 成功者78%的机会是由不到22%的朋友提供的，这些22%的关键朋友对他们的生活起到了重要的作用。拥有数量少但交情深厚的人际关系，远远胜于广泛而肤浅的人际关系。

3. 做22%程度的坏事，对他人的伤害是严重的，只有做78%程度的好事，才能弥补过来，消除他人的仇恨情绪。

4. 对78%的一般快乐时间，做一般处理；对22%的最快乐时间，要努力去维持它，尽量设法延长。如果我们能够逐步培养自身的这种能力，人生一定会变得更加精彩，这是幸福法则。

5. 对自己做一个正确的评估，找出78%的一般优势、22%

的最佳优势。努力发展最佳优势，找准自己的方向，从而轻松迈向成功，这是成功法则。

22∶78，是自然界、社会中的奇妙比例，它蕴含在变化多端的各个领域中。因为洞悉了22∶78法则的奥秘，许多犹太人成为有钱人，许多企业经营者富甲天下，许多情商高手迈上成功台阶。22∶78法则，无处不在。这个基础法则告诉我们，做任何事，首先要抓住关键人员、关键环节、关键因素、关键项目，也就是牵住"牛鼻子"，然后以点带面，从而带动各个方面顺势而上。

61 令人惊叹的意识

前几天,我拿着一支饮料吸管,询问了13名厂长经理、26位大学毕业生、7位农民、5位公务员、9位工厂工人同一个问题,就是:"如果你来组织生产这种饮料吸管,打算一支赚多少钱?"在这60人中,有15人回答是1角钱,39人回答是1分钱或几分钱,其他的人则回答是几角钱。

应当肯定的是,这些人的"大步"进取精神是可嘉的,但如果让他们来负责这种吸管的生产和销售,肯定会蚀本。因为媒体披露,我国一家吸管公司卖出一支吸管的利润仅是0.0008~0.00085元。市场是无情的,如果你想赚几分钱、几角钱,在强烈价格对比下,肯定没人买你的账。

这家位于浙江义乌的吸管公司是全球最大的一家吸管生产销售企业。它的产品90%以上用于出口。在全球饮料市场上,有1/4的消费者用的就是这家公司生产的吸管。一支细细的吸管,能赚多少钱?这家公司的总经理认真地算了一笔账:一支吸管平均销售价格为 8~8.5 厘，其中原料成本占 50%，劳动力成本占 20%，设备折旧等费用超过 20%，除去这些，剩下的纯利润只占 10% 左右。也就是说，一支吸管的利润仅仅是 0.0008~0.00085 元。

正是这个普通人看不上眼的产品、一般人想象不到的利润，使得这家吸管公司成为全球最大！如今，这家公司每天有两个集装箱（约 8 吨重）的产品运往世界各地。8 吨吸管是多少？大约是 1500 万支。按每支 0.0008~0.00085 元的利润计算，这家公司每天就能赚得 1.2 万元以上。这样算起来，一个月的纯利润就为 40 万元左右。

在当前许多人梦想"一夜暴富""一口吃成胖子"的经营环境下，这种独辟蹊径、具有"积微成巨"意识的人，肯定会取得令人惊奇的成绩！因为他们想人之所未想，做人之所未能。其实，古人在总结大自然规律时，已经说得很明白："不积跬步，无以至千里；不积小流，无以成江海。骐骥一跃，不能十步；驽马十驾，功在不舍。锲而舍之，朽木不折；锲而不舍，金石可镂。蚓无爪牙之利，筋骨之强，上食埃土，下饮黄泉，用心一也。蟹六跪而二螯，非蛇鳝之穴无可寄托者，用心躁也。"

希望看完这则消息的人，在为之一叹之后，能让自己的思维更加广阔一些，眼睛不要只盯着"暴利"和"热门"。如果平静一下心态，反过来考虑一下产品生产和销售，或许会发现一个新天地，创造出一项新奇迹。

62　热气球人生

　　李然 8 岁的时候，母亲就去世了。李然 16 岁时，癌症又夺去了他父亲的生命。这个生活在大山之中的贫困家庭，就只剩下他和两个年幼的妹妹了。这一年，李然初中毕业，差两分没考上卫生学校。为了一家人的生计，李然回家种田。在父亲患病期间，他为了给父亲治病，曾在乡里学过医。初中毕业后，李然凭借学过的一点点医术开办了一个诊所，种田之余当起了乡村医生。微薄的收入担起一家三口人的生活重担。但过了几年，《乡村医生从业管理条例》颁布，李然既没中专学历，也没 20 年以上从医经验，便不能再从事乡村医生职业了。年轻的李然不想被大山困住，便将妹妹托付给邻居照顾，自己去南方闯荡。

　　20 多岁的李然在南方干起清洁剂推销员。虽然他缺少推销经验，但不缺少吃苦耐劳的精神。刚开始，李然的推销工作很艰难，但几个月后渐渐有了起色。2007 年秋季的一天，一批 20 万元的货款提前半个月发到了李然手中。正当李然准备把货款交给公司财务中心时，一位同事好心地说："现在股市这么好，20万元放进去，几天就能赚个三五万。"一直被贫穷折磨的李然觉得这是个好主意，便去证券公司开了个股票账户，将货款全部打进去。他准备过10天再把钱全部取出来，这样既不违反公司规定，又能赚上一笔可观的利润。未承想，李然把钱投进去后，连续涨了一年的股票开始猛烈下跌，短短几天，20万元的股票面值仅剩下9万多元了。李然欲哭无泪，心中唯一一个念头就是自杀，结束这苦难而又短暂的一生。如果有让他牵挂的，也就两件事：一是两个上中学的妹妹失去经济支撑；二是11万元的货款无法偿还。当他低着头从一家保险公司门口经过的时候，他的脑海中浮现了一个想法。

出生于大山之中的李然有个山水情结，每当他看到20元人民币中的桂林山水风景时，便遐想连连。不想活下去的李然决心实现很早就有的愿望，到桂林去看一看，然后在如同仙境般的山水之间结束自己的生命。

桂林漓江边的一个小镇上，有家热气球俱乐部。李然上前问了问，工作人员说热气球可以飘到那20元人民币风景处。李然心里想，如果在那儿从高空跳下，必死无疑。虽然自己生得普普通通，但要死得轰轰烈烈；虽然此生贫穷，但死要死在"钱币的怀抱"。悲哀之中的李然突然有了一丝兴奋。

李然买下一张保险单，便坐上了热气球。李然心想，自己一旦从热气球上坠落，保险公司定会赔偿两个妹妹一笔钱，这笔钱不但能还上货款，还能供两个妹妹读完中学、大学。热气球一共三个人，两名乘客，一名驾驶员。驾驶热气球的是个艺高胆大、生性爽朗的小伙子，他说他曾经在国内赛事中获得过冠军。

　　热气球是构造简单、极易掌握的航空器，气球的球体是用尼龙材料缝制的，球体下悬着的吊篮由藤条编制，吊篮内有燃烧气瓶、管道及燃烧器。飞行中驾驶员在吊篮内操纵燃烧器手柄，使球体内温度升高，产生浮力，球便上升。每当驾驶员把燃烧器开关拉下时，一股强大的热流便会冲出。此刻李然感到脸部火辣辣的，头发似要燃烧起来。另一名乘客笑着说："早知道带一只活鸡，把它扔上去，三秒钟后鸡从上面掉下来时，就变成美味的烤鸡了。"驾驶员哈哈大笑，李然却笑不起来，他偷偷解开安全带，就等热气球飘到那20元人民币风景处了。此时，风向反着，经验丰富的驾驶员不断调整热气球的高度以期捕捉到飞往20元人民币风景处的风向，但几经努力，也找不到那理想的风向。突然一阵狂风刮来，热气球迅速飘向一座山头。另一名乘客看到险情突发，便"嗷""嗷"大叫起来。驾驶员险中不乱，全力拉下燃烧器开关，熊熊火苗蹿向气囊，热

冷热水效应

气球不断往上升高。

与另一名乘客相反的是，李然出奇的平静，他默默地看着热气球快速冲向山头。突然间，李然觉得自己腰部被一只有力的胳膊紧紧搂住了，原来驾驶员看到李然的安全带松开了，情急之下，他一手操纵燃烧器，一手抱住李然。这一刻，李然觉得自己胸中有一股热流通过，他不禁掉下了热泪。他在内心既感激这名陌生的驾驶员出手相救，又从内心里愤恨他为什么那么眼明手快。处在危险之中的热气球继续升高，几秒钟后，他们感到狂风过去了，原来快速上升的热气球摆脱了那股刮向山头的气流。驾驶员和那名乘客高兴地大叫起来。摆脱险境的驾驶员做的第一件事，就是要求李然系牢安全带。在李然被逼着系紧安全带时，那名乘客说什么也不敢乘坐热气球了，他一再要求驾驶员将热气球降落。拗不过乘客的驾驶员只好让热气球慢慢落下。李然禁不住说道："我这是求生不得、欲死不能啊。"不明就里的驾驶员说："俗话说，谋事在人，成事在天。乘坐热气球就是这样。驾驶员能做的就是让热气球拔高和降落，至于遇到什么样的气流，让热气球经过什么样的航线，就只能听天由命了。这种可控性与不确定性，恰恰是乘坐热气球的魅力所在。"面对默默无语的两位乘客，驾驶员接着说："我在学习操作热气球时，教练员告诉我，人生也和热气球一样，一心想上进的人一面忍受着'烈火'的炙烤，一面努力寻找助己飞黄腾达的风力，可往往事与愿违。"这名年轻的驾驶员顿了顿接着说，"教练员还告诉我，不要气馁，多找几次，总能找到让热气球飘向理想落点的气流。其实，人生最可怕的不是屡遭挫折，而是不能忍受'烈火'的炙烤和不去寻找助己成功的风力。"这些话语句句刺痛了李然的心。李然想：自己寻求一死，不就是不能忍受"烈火"的炙烤和不去寻找助己成功的风力吗？李然禁不住号啕大哭起来。

热气球在静静地下落，透过昏暗的阳光，李然看到了地面上凋零的树叶、奔跑的水牛，还有热气球投下的斑驳的、长长的影子。其实，人生是非常美好的。此时，李然彻底打消了寻死的念头。李然想：自己一定要好好地活着，不断地拉下人生燃烧器的开关，不断地去寻找那助己成功的风力。

当李然赶回公司时，股市居然有了一个不小的反弹，损失不再是11万，而是3万。李然不再奢求股市盈利，他卖掉了全部股票，虚心向领导承认了错误。李然决心以扎实的工作、精诚的服务去寻找越来越多的清洁剂客户，赚取应有的利润，去弥补曾经的损失。李然不想被大山困住，也不想被贫穷挡住，他在不断寻求适合自己人生热气球的巨大气流。

冷热水效应

63　人的卷柏命运

有一种南美卷柏，是世界上为数不多的会走路的植物。当土壤里水分不充足的时候，它会把根从土壤里"拔"出来，让整个身体缩成圆球状，等待风的来临。不需要很大的风，只要那么一点点，它就会在地面上滚动。一旦滚到水分充足的地方，圆球就会迅速打开，根重新钻到土壤里，暂时安居下来。当水分又一次不足时，它会继续游走，寻找新的安身之地。

这种南美卷柏，有点类似历史上的游牧民族，不停地游荡，不停地更换居住地，寻找适合生存之地。

虽然现在的我们安居乐业，但或多或少还有些南美卷柏的影子。具体表现为，这山望着那山高，不停地更换工作或改变学习兴趣。南美卷柏在搬迁时，并非个个顺利，有的可能被刮到马路中央被车碾烂，有的可能被刮到树上导致枯死。人们不停地更换工作、改变学习兴趣也是如此，情况并非会越变越好，也可能是由平地走向泥沼，由高速列车转为拖拉机。这就是说，南美卷柏精神并非一定可取。

与南美卷柏特性相反的是，社会上相当一部分人囿于常规，故步自封，奉行"金窝银窝，不如自己的狗窝"。其实，这些人是相当可悲的，因为他们一辈子都将与贫瘠、艰难相伴。如果他们有一点点南美卷柏的精神，卷起铺盖，勇敢走出去，可能会有一个比现在强得多的地方。从这点看，南美卷柏精神很值得他们学习。

到底什么时候该学南美卷柏，什么时候不该学南美卷柏呢？这真是个难题。

有利时就学南美卷柏，有害时就不学南美卷柏。话好说，但标准不好掌握。

在这里，我有三点意见。

第一，当你极度贫穷和困难时，一定要学南美卷柏精神，毫不犹豫地走出去，拼它一回。不管以后的发展如何，总比半死不活、死水一潭强得多。

第二，当你坚决想学南美卷柏时，一定要慎重，不妨多用脑子想一想、多用嘴巴问一问。另外，当你故步自封、停滞不前时，一定要往自己的思想里注入一些南美卷柏的冒险精神。

第三，当你为是否要学南美卷柏犹豫不决时，要想想自己的理想和追求。如果当前处境符合理想和追求，那就安于现状。对于将来，我们通常会把它想象得很美好，而难以预见一些不太愉快的事情，其实，正确的做法是很好地珍惜现在，也就是说把根深深地扎入泥土中。不可盲目攀比，不可一味去追赶潮流。

64　本与末

　　有位叫沃森的美国人，出身于一个贫困家庭，年幼时没读过几天书，17岁就开始以推销缝纫机和乐器谋生。他好不容易积攒一笔钱，开了一家肉铺，可人心难测，他的合伙人在一个早上把他的全部资金席卷一空，逃之夭夭。肉铺倒闭，沃森也破产了，他只好重返老本行搞推销。正当他的事业越来越顺利的时候，一场飞来横祸把他打入人生的谷底。沃森因公司经营问题被控有罪，面临牢狱之灾。虽然沃森交了5000美元的保释金了事，但他的厄运还没有结束。生性多疑的老板对他越来越猜忌，认为他在拉帮结派，于是将他扫地出门。在走出公司的那一刻，沃森愤然转身说道："我要去创办一个企业，比这里还要大！"那一年他已经40岁了，家里有着刚刚出生的儿子小沃森。

　　再说说小沃森，在沃森的严厉管教下，少年时的小沃森产生了逆反心理，成为学校有名的"坏小子"。12岁那年他买了一瓶黄鼠狼臭腺，当学校师生全体集合时，他打开了臭腺瓶，搞得整个校区臭气熏天。学校做了严肃处理，让他暂时休学。他的小学校长还断言：这个孩子长大了也不会有出息。另外，在紧张的父子关系下，小沃森13岁起，患上了抑郁症，还患上了阅读障碍症。之后，用了6年的时间克服抑郁症，换了三所学校，他才将高中念完。后来，他靠关系勉强上了大学。大学毕业之后，小沃森成为一名推销员，但他把大部分时间都花在飞行和泡妞上了。一位客户说："你这样的人一辈子都将一事无成！"

看到这里，人们会觉得沃森父子俩糟糕透了，不仅命运多舛、为人不容，而且还口出狂言、差劲到顶。如果读者们把思维定格于此，那就大错特错了。

只说沃森这个名字，人们可能不熟悉，但如果说"IBM"也就是"国际商业机器公司"，恐怕就无人不晓了！要知道IBM的创始人就是沃森父子俩。

在40岁这年，沃森来到纽约闯荡，开始生产制表机、计时钟等办公自动化工具，由此踏出了时来运转、迈向成功的关键一步。在他的不懈努力下，几乎所有的保险公司和铁路公司都用上了他们公司生产的制表机，美国政府也向他们发来了订单，沃森被誉为"世界上最伟大的推销员"。

厌倦推销的小沃森后来报名参军，成为一名飞行员，这段经历让小沃森走向成熟。退役后，他回 IBM 帮助父亲。20 世纪 60 年代，小沃森投入 50 亿美元，"以整个公司为赌注"，启动了一条全新的计算机生产线，大获成功，使 IBM 成为计算机界的"蓝色巨人"。那个时候，美国研制第一颗原子弹的曼哈顿计划才是 20 亿美元。IBM 以其出色的管理、超前的技术和独树一帜的产品，领导着全球信息业的发展。从"阿波罗号"飞船登上月球，到"哥伦比亚号"航天飞机飞上太空，无不凝聚着 IBM 无与伦比的智慧。1986 年，IBM 公司年销售额高达 880 亿美元，雄居世界 100 家最大公司的首位。在领导 IBM 公司期间，小沃森显现出他的卓越才能。有一次，小沃森让一位决策失误，使公司损失 1000 万美元的经理去他的办公室。这人畏畏缩缩进来，小沃森问："你知道我为什么叫你来吗？"这人回答："我想是要开除我。"小沃森十分惊讶："开除你？当然不是，我刚刚花了 1000 万美元让你学习。"然后他安慰这位经理，而且鼓励他继续冒险。后来，这个人为 IBM 公司做出了突出贡献。

　　沃森打破坚冰，开通航道；小沃森继往开来，扬帆远航。沃森父子俩的传奇经历仿佛是一个"美国梦"，可能再没有另一对父子，能像沃森父子那样，共同改变美国现代商业的面貌了。

　　说到这里，人们要问，为什么本文开头介绍的事实让人们对沃森父子俩有一个非常不好的印象呢？为什么后来的介绍又让人们对沃森父子俩形成一个截然相反的评价呢？

原来本文一开始介绍的情况是"末"，这些"末"就是沃森曾有的读书不多、遭人排斥、被人欺骗、一时遇挫以及学习不良、调皮捣蛋、不务正业、抑郁消极等问题，给人们造成了不好印象；后来介绍的是"本"，而这些"本"是沃森父子俩身上持有的坚韧、精明、远见、冒险精神以及个人的奋斗等，这些"本"奠定了沃森父子俩经商的基础，让人们对他俩刮目相看。

"本末"是中国古代哲学的一对范畴，特别是魏晋玄学的基本范畴。"本"原指木之根，"末"原指木之梢，后分别引申为本根、本始和末节、末终。

有时候，"本"会影响到"末"。"我要去创办一个企业，比这里还要大！"这话要是出自普通人之口，人们可能会觉得他自不量力，从而讥笑他；而如果言出一位成功人士，那么人们就会为之敬佩，誉为豪言壮语了。"本"决定人的发展好坏，而"末"则不起主要作用。"本"有了，早晚会成功。但人们有时只看到"末"，没有看到"本"。职场上许多人才浪费、用人失察现象往往就是"本""末"不分造成的，这应该引起人们的足够重视。

65　明天在哪里

去年夏末，我去我朋友开的花卉园参观。那儿规模很大，因为天气热，花卉园既有通风凉爽的荫棚，也有寒气逼人的冷室。

在荫棚里，我见到了大片的蝴蝶兰。它们都被放置在简陋的塑料盒里，盒里没有泥土，只有一些水苔、浮石。由于塑料盒太小，许多又粗又长的根茎都伸到了盒子的外面。我不敢相信，被誉为"洋兰皇后"的蝴蝶兰的生长环境竟然是如此之差，为什么不改善一下它们的生长环境呢？

在冷室里，我看到一盆盆土栽的幼苗，经询问才知道那是牡丹花幼苗。这么多的幼苗为什么不放到室外去接受阳光的呵护、雨露的滋润，反而要在夏天经受冬天的严寒呢？

参观完后，在会客室里，我把我的这两个疑问说给朋友听。

朋友得知我的困惑后，向我解释道："蝴蝶兰是仿照它在原始时的生态环境进行栽培的，如果像种植庄稼那样给它肥沃的土壤，反而会害了它。等过上几天，当蝴蝶兰开花时，我们

冷热水效应

会把它放到精美的花盆里,我想,它现在是不会介意自己被放置在那一分钱一个的塑料盒里的。牡丹苗之所以被放入冷室开始它的成长之旅,是因为人们想让它在春节开花。要知道,北方土生土长的花木如果不经历寒冷的考验,是不能尽情释放自我的。等到了初冬,我们就会把小苗移入温室内进行养护,这样的话,它就能在春节期间开花了。"

听了朋友的话,我默默地笑了,脑海里出现这样的情景:在豪华办公室里,有一个精致的花盆,它的上方,是一群列队而出的蝴蝶在翩翩起舞,它的那种飘逸的闲情,真令人产生一种似梦似幻的感觉;在宽敞的客厅里,暖意融融,笑声不断,具有"花中之王"称号的牡丹鲜花盛开,前来拜年的亲朋好友无不称赞它的冠绝群芳……

要想有个美好的明天,就应像蝴蝶兰、牡丹花那样有婀娜多姿、雍容华贵的资本。花的资本是上天赋予的,人的资本要靠后天的学习和磨炼。

66　失意时要想到三种植物

俗话说："人生不如意事十之八九。"当失意这场"冰霜"突然袭来时，有的人借酒消愁、萎靡不振、郁郁寡欢，有的人垂头丧气、胸闷心悸、失眠健忘。因为失意而带来的精神上的痛苦，想必每个人都有深刻体会。每当酸甜苦辣咸涌上心头时，我就会想起那沙漠中的植物。

地球上的沙漠原本并非沙漠，几千几万年前可能是一片生长着若干类植物的黄土地，当风沙肆虐、抢夺土地时，绝大多数植物在这种"失意"的环境中渐渐枯萎直至死亡，只有为数不多的植物顽强存活了下来。

一种是胡杨树。沙漠并非滴水皆无，而是水分蒸发太快。长久下去，盐分在土壤中不断积累，形成了含盐量很高的盐渍土。对于绝大多数陆生植物来说，土壤含盐量超过一定限度就不能生存，而胡杨却具有非凡的耐盐碱能力。随土壤溶液一起进入胡杨体内的盐分，一部分被胡杨转化为无害的物质储存利用,另一部分则通过树干的裂口排出体外,这就是人们所说的"胡杨泪"。

另一种是仙人掌。沙漠仙人掌高达十米,根系虽扎得很浅,但向四周伸展的范围很大,往往辐射到几十米以外。它们在储水本领上技高一筹。当沙漠中一场罕见的暴雨来临时,接近地表的发达根系便以极快的速度吸水。它们能将几百升的地表水迅速据为己有,储存在仙人掌的茎中。此时,在长期干旱中变得皱瘪细瘦的仙人掌躯干重新粗壮起来,如同一架合拢后再度拉开的手风琴。

还有一种是千岁兰。沙漠植物千岁兰,在其长达千年的生命历程中,始终与两片巨型叶片相伴。这两片由短粗的茎顶部伸出的叶片,宽三十厘米左右,长两三米,分别弯向两侧的地面。在漫长岁月中,这两片叶片的基部始终在生长,永不脱落,直到植株死亡。在空气干燥的沙漠中,叶片面积大往往是植物致命的弱点,但千岁兰不但不死,反而能在沙漠中活上千年。原因是千岁兰有一项独特的本领,在雾天中,千岁兰的巨型叶片上的气孔会全部打开,在蒸腾量极低的情况下,饱饮水汽。

这三种沙漠植物都有各自抵抗"旱魔"的非凡本领。正因为此,当成千上万种植物在"沙漠化"这种"失意"环境中死亡时,只有它们顽强地存活下来,为世人所赞扬。

人在失意的环境中，是怨天尤人、抱头哀叹、慢慢消沉，还是适应环境、奋发努力、战胜困难？不用说，理智的人们都会选择后者。怎样才能适应环境，战胜困难？答案就是像胡杨树、仙人掌、千岁兰那样具备一两样对路的过硬本领。小环境不如意，大环境会无比宽广，任你驰骋。只要我们具备能够改变失意的思维和技能，就能忍受住失败的打击，从而迈过"失意"这道坎，而不是被它绊倒。